联系

建立商业合作关系的七项原则

[美]帕特里克·加尔文 著

许小兵 译

THE CONNECTOR'S WAY
A Story About Building Business One
Relationship at a Time
Patrick Galvin

北京时代华文书局

THE CONNECTOR'S WAY

A Story About Building Business One Relationship at a Time

Patrick Galvin

感谢我的妻子埃伦和女儿安雅,是你们让我与一切真正重要的事情保持联系。

前 言

作为一名专业的演讲者和关系营销人员,我曾与许多人交谈过,他们都在努力建立忠实可靠、会推荐新客户和产生销售业绩的人际关系。在这个虚构的故事中,罗伯特·汉森(Robert Hanson)的保险代理公司濒临破产,他遇到了两位导师和天生的关系建立者。他们告诉罗伯特,成功的秘诀比罗伯特想象的要简单得多。

事实上,建立关系的简单性正是这本书的灵感来源。我们每天都被各种各样的营销信息淹没,这些信息告诉我们,建立更好的业务关系的途径在于最新的技术手段和最热门的社交网络。在很多时候,我发现自己都在热切地等待新款手机的发布,或者注册了承诺比以前更容易建立社交联系的当前最流行的社交网络。不过,这些都离我的期望差得很远。

我们可以变得如此迷恋科技,以至于忽略了我们身边的人。这还需要证据吗?下次你去餐馆的时候,随便看一圈就知道了,你很可能会看到夫妻、家人和朋友们都一言不发地盯着屏幕。

手机取代了人们聊天和享受彼此在一起的时光。

最好的事情是，技术让我们建立了在现实世界的关系。本书中所有涉及技术的示例都演示了如何使用技术来加强而不是替代人与人之间实际的联系。

我的公司的座右铭是"业务必须当面谈"。为了扩大公司的业务，我需要在世界各地建立关系。我坚决相信所有的业务是与人打交道。我完全赞同《给予的力量》的合著者鲍勃·伯格（Bob Burg）的观点，他写道："在所有条件都相同的情况下，人们会与他们认识、喜欢和信任的人做生意，并给这些人介绍新的生意。"

我希望你喜欢读这本书，就像我喜欢写它一样。虽然本书的主角是保险代理公司的老板，但他所学到的经验适用于任何通过更好的关系寻求商业成功的人。

祝所有读者生意兴隆，每次接触都能建立一段关系！希望在未来的某一天，我有机会与你建立联系！

帕特里克·加尔文

目 录

引　子	1
结　识	7
导　师	13
觉　醒	19
倾　听	27
震　动	33
灵　感	41
改　变	47
回　馈	53
会　员	59
贺　卡	67
惊　喜	75
热　情	85

交际	91
聚会	99
领英	107
变革	115
婚礼	121
传承	127
庆典	135
原则	139
致谢	145

引 子

在拥挤的大礼堂里，柜台后面活泼的小姑娘说："我很抱歉，先生，但是您的交易被拒绝了。"

罗伯特·汉森感到自己的脸在发热，汗水顺着他的前额流下来，几十个人在他身后焦急地推搡着。

他收回了企业信用卡，递给她自己的个人信用卡,说："试试这个。"

她拿起手持式的刷卡机，刷了一遍，然后笑着说："完美！刷卡成功。祝您愉快！"

后来，当罗伯特在寒冷的大雨中从大礼堂步行一英里[①]回到他住的汽车旅馆时，他在考虑自己花了 1 495 美元买三

[①] 1英里=1.609 344千米。

本书和一个带教学视频的 U 盘是不是一个明智的决定。

他选择住在老城区的一家廉价的汽车旅馆里，因为那里的住宿费用比四星级的会议酒店要便宜得多。他甚至仔细考虑了自己的预算，在为期两天的活动中，他已经把自己的企业信用卡透支了：会议费、往返机票、住宿、地面交通和餐费。

尽管在"跨越式增长高管培训班"的会议现场，一些著名的演讲者给他鼓足了干劲儿，但他仍然没有让他曾祖父创办的已有 93 年历史的汉森保险代理公司扭亏为盈的具体计划。他迫切地希望刚刚购买的资料包将为他提供实用的战略，而不只是他在整个活动中听到的那种"如果你敢于梦想，你就能成功"的豪言壮语。

当罗伯特避开水坑时，他为自己感到难过。他已经 50 岁了，他觉得人生成功的机会正在溜走。他记得 10 年前他是多么乐观。在他父亲去世后，他接管了家族企业。当时，该公司有十几名忠诚的员工，老客户们向他们朋友、亲戚和同事的推荐汉森保险代理公司，这带来了业绩的持续增长。

但在过去的 10 年里，竞争比罗伯特预想的要激烈得多。大型保险公司花费数十亿美元进行广告宣传，说服人们不通过像汉森保险代理公司这样的小型独立保险代理公司购买保险，而是直接在大型保险公司下保单。当他看到保单的续约和老客户介绍业务的日渐萎缩的时候，罗伯特感到非常无助。

在一个散发着霉味和烟味的房间里，罗伯特坐在一张小桌子旁摇摇晃晃的餐椅上。他翻看公文包查找信用卡账单，想弄明白为什么他的公司信用卡被拒绝交易了。他找到了信用卡账单，然后就傻眼了：超过5万美元。其中包括他最近为支付工资预借的一大笔预付款。他不知道如何还清这笔欠款，因为他已经持续了半年多按照信用卡最低还款额还款了。如果他的公司营业收入没有出现大幅度的增长，他可能需要解雇员工，或者面对不得不关门的残酷现实。

还有另一件让罗伯特头疼不已的事情：他的住房按揭贷款最近利率上涨了，每个月的月供又多了不少。现在看来，10年前购买"梦想之家"的决定是一个巨大的错误。他害怕自己不得不告诉妻子玛丽安，他们可能需要卖掉他们俩都喜欢的房子，搬到一套小公寓里，以维持他的公司的运营。

罗伯特从他购买的"成为大型企业"的资料包中取出U盘，并将其插入他的笔记本电脑中。他载入了第一个20集的为那些想要实现"跨越式增长"的企业家提供的系列视频。但看了5分钟后，他厌恶地把笔记本电脑关上。这段视频并

没有给出具体的建议,而是提供了鼓舞人心的陈词滥调,就像他在整个会议上听到的那样。唯一的具体建议是重新设计网站、优化搜索引擎以及其他成本不菲的营销手段,而这些都是他已经无法负担的了。

　　罗伯特感到了由压力引起的剧烈的偏头痛。他躺在凹凸不平的床垫上,床垫的线圈硌着他的背。他闭上眼睛,试图想出一些积极的东西来。他知道回去以后,妻子和女儿会问他在培训班上学到了什么,他不能够让她们失望。但是现在,集中注意力只会加重他的偏头痛。

结　识

当罗伯特走进希尔黑文养老院的大厅时,他陷入了深深的忧虑之中。乐队铜管音乐的巨响把他拉回现实。还没有走到餐厅,他母亲与众不同的笑声就传到了他的耳朵里,这让他感到讶异。自从父亲去世后,他再也没有听到过她这么高兴的声音。

走进餐厅,罗伯特惊讶地发现他的母亲正推着轮椅在光滑的木地板上跳舞。她把轮椅转过来对着罗伯特,罗伯特仔细打量着坐在轮椅上的人。那是一个身材矮小的老人,留着浓密的白色小胡子,脸上露出一个阳光的笑容。

"你一定是年轻有为的保险大亨汉森先生。你妈妈总是不停地夸你。"白胡子老头对罗伯特说。

罗伯特伸出手,想和弗雷德·切弗斯握手。当他看到弗雷德空空荡荡的右袖管时,他尴尬地抽回了伸到一半的手。

"我懂的！"弗雷德幽默地说，"我在第二次世界大战中失去了一条胳膊。不过，不用管了。反正已经这样了，我也不知道我该怎么做才能再长出一条新胳膊。"

罗伯特紧张地笑了笑。弗雷德向他露出了安慰的微笑，露出一副珍珠白的假牙。

"别担心。"弗雷德继续说，"你为我这个老兵做了那么多好事，我永远不会生你的气。自从你把琼送来以后，我的生活一直很美好。"弗雷德转身对罗伯特的母亲使了个眼色。

罗伯特也看着她。他的母亲看上去完全不同于三个月前搬进养老院的那个孤独的老太婆。他环顾餐厅，发现这里的人们也很开心。因为庆典布置一新的房间里挤满了老人，他们聊天、唱歌和跳舞。

罗伯特注意到一个 70 多岁的男人，穿着一件优雅的双排扣灰色细条纹西装。这名男子走到房间前面的讲台，清了几次嗓子，然后用坚定自信的语气对着麦克风讲话：

"谢谢在场的诸位大驾光临我父亲弗雷德·切弗斯的 100 岁生日聚会。几年前，他告诉我，他希望有 100 个人参加他的 100 岁生日聚会。好吧，既然今天在场的有 200 多人，那么我们就得让这场聚会至少持续 100 年。"

大厅里爆发出一阵笑声。

罗伯特很难理解聚会上欢乐的气氛。一些参加聚会的老人把氧气罐绑在轮椅上。他们大多数看起来相当虚弱。他想知道，面对逐渐老去的现实，这一群人是如何变得这么积极和充满活力的。

后来，他觉得有人轻拍了一下他的肩膀，是那个在领奖台上讲话的人。那个人对罗伯特说："嘿，开心点，这是聚会，不是葬礼。或者，你只是因为你没有像我们其他人一样拥有美丽的白头发而感到不开心？"

罗伯特感到有点尴尬，他通常不表露自己的感情。"说来话长。"他回答道，避开了那个男人的目光。

"嗯，我喜欢听长篇故事，但在今天的生日聚会上，我恐怕没有那么多时间。"那人的眼睛里闪着光说，"请允许我自我介绍一下。我叫阿尔伯特·切弗斯，我是那个过生日老男孩的儿子。"

阿尔伯特从胸前的口袋里掏出一个精美的刻着他名字首字母的银制名片夹。他小心翼翼地打开它，递给罗伯特一张名片。

"我真的很想更好地了解你。请给我办公室打个电话，约个时间见面吧。"阿尔伯特说,"哦,还有一件事拜托你,请照顾好你那位美丽的母亲。我的父亲完全被她迷住了!"

说完,阿尔伯特就重新跳起了康加舞。

导　师

一周后，罗伯特站在市中心的人行道上，抬头看了看阿尔伯特办公室所在的高50层的大厦。这座建筑的设计极具震撼力，绿色玻璃的外立面，顶端的砂岩金字塔状的构造物看起来像是飘浮在楼顶上。

拥有这栋建筑和其他大量商业地产的切弗斯家族将楼顶的金字塔作为其财富管理公司和家族基金会的总部。罗伯特记得在他开始给重要保险客户提供保险方案时来过这座大楼。但当他试图去高层管理人员所在的顶楼时，他被严苛的前台接待员拒之门外。

罗伯特匆匆忙忙地穿过一个布设有临时艺术品展览的大厅，然后走到大楼中央的电梯间。很快，电梯门就开了，罗伯特走了进去。这个电梯是为45层到50层预留的，切弗斯资本管理公司的办公室就在这些楼层。

当电梯上升时，罗伯特注意到电梯里挂着的照片。这些照片展示了不同种族的孩子们在一起玩耍和学习的场景。这提醒着乘坐电梯的人们，切弗斯慈善基金会是当地学校最慷慨的捐助者之一。

罗伯特全神贯注于这些照片，以至于他在电梯门打开后几秒钟才意识到电梯已经到了。当他感到有人在看他时，他走出电梯，来到前台接待员面前。坐在一张带有浮法玻璃的未来主义风格木桌后面的前台接待员面带微笑对罗伯特说：

"欢迎您的到来，汉森先生。"她站起来，做了个手势，指引他向高大红色对开门走去，很有礼貌地说，"切弗斯先生正在等您。"

一走进行政套房，罗伯特立刻感到恐高。从街上看到的砂岩金字塔实际上是由有色玻璃制成的。当他走近时，他觉得自己好像正在接近悬崖的边缘。

"真是不可思议吧？"阿尔伯特站在窗边的一张大桌子前。他指着屋子中间的两个现代风格的黑色皮革沙发，请罗伯特落座，继续说："很抱歉，那天晚上我们没有时间谈。但现在，我洗耳恭听。"

阿尔伯特友好的态度立刻使罗伯特放松了下来。罗伯特长时间以来一直压抑自己的情绪，现在他终于能够与人分享他对可能失去家园和事业的恐惧，这让他松了一口气。阿尔伯特边听边点头表示同情。

罗伯特结束了他的独白，总结道："大型保险公司在市场营销方面的预算比我们多得多。他们持续聚焦宣传他们更低的保险费用，这个策略已经拉拢了许多我们的老客户。有时候，我在想我们是否能有方法与之竞争。"

"你的处境一定很艰难。"阿尔伯特说，"我理解你的感觉，因为我也曾经怀疑过我能否让我的公司渡过难关。当我成为公司总裁时，我们失去了很多对我父亲忠诚但对我不忠诚的客户。说实话，我不能责怪他们。尽管我和爸爸一起工作了20多年，但大多数客户我都没有联系过，因为我曾经一直很喜欢待在幕后，做一个只是和经营数据打交道的人。

"幸运的是，我爸爸帮助我克服了我的疑虑和习惯。他向我保证，如果我只专注于建立强大的联系，我们的客户不仅会保持忠诚，还会为我们推荐新的客户。事实上，他是完全正确的。"

阿尔伯特说话的时候，罗伯特点了点头。然而，他很难掩饰自己的疑虑，这样一个简单的方法真的会产生如此大的影响吗？而且，他也看得出，阿尔伯特看到了他的疑虑。

阿尔伯特说："听着，如果你愿意的话，我很乐意把你介绍给我认识的最好的关系建立者。在你看到他们之后，我相信你会看到你的机构有很多新的可能性。"

"我想尽快认识他们，请你尽快帮我引荐。"罗伯特说。

觉 醒

福勒咖啡馆的停车场弥漫着鲜煮咖啡散发出的咖啡浓香,这让罗伯特的脸上露出了微笑,并且食指大动。虽然福勒咖啡馆地处城市最繁华的街道之一,但罗伯特从未来过这里。上班的路上,他总是匆匆忙忙地飞驰而过,从来没有注意过这家咖啡馆。

当罗伯特穿过停车场时,他注意到了一些不寻常的细节。与许多市区的停车场不同,这个停车场非常干净。一个穿着白色衬衫和黑色休闲裤的小伙子正在认真地扫地。

"欢迎来到福勒咖啡馆。"小伙子友好的问候吸引了罗伯特的注意。

罗伯特笑着回答说:"谢谢。你这么一大早就精力充沛了。"

小伙子笑着回答:"我正在为世界上最重要的人的光临做好准备。"

福勒咖啡馆是一家 20 世纪 50 年代风格的咖啡馆，中间有一个马蹄形的柜台，边上有六个铺着红色软垫的小包间。罗伯特看到一个灰白色头发挽着发髻的老阿姨。罗伯特问她，约了朋友，在等待朋友的到来时，是否可以先在包间坐下。

"当然，亲爱的。"她说，"请不要拘束，我马上就来。"

在坐下之前，罗伯特注意到一堆报纸上都是典型的令人沮丧的新闻：居高不下的失业率、毁灭性的公寓火灾，以及不断上升的全国犯罪率。

他环顾四周，想找些更令人振奋的东西读来消磨时间。这时，他注意到角落里有一个小书架，上面有一个手写的小标志牌："福勒咖啡馆小型免费图书馆。请留下一本能激励你的书，然后带走一本你喜欢的书。"

罗伯特拿起了一本已经折角的弗兰克·贝特格（Frank Bettger）的励志经典著作《我是这样从销售失败走向销售成功的》(*How I Raised Myself from Failure to Success in Selling*)。他在等待阿尔伯特的时候，把这本书拿到一个包厢去读。当罗伯特全神贯注地读着这个讲述一位房地产经纪人是如何白手起家的故事时，他不禁注意到，每当有人走进咖啡馆的时候，迎接他的那个老阿姨就会带着微笑走到门口。

她给每个人一个拥抱，询问他们的家庭和健康状况。她问一些人，为什么他们好久没有来了。她仔细地听着，回答了需要深思熟虑的问题。罗伯特突然意识到，她真的很关心来咖啡馆的每一个顾客。

她拿着一壶咖啡走到罗伯特的包间，说："很抱歉，因为我想确保我能给您提供新鲜的煮咖啡，所以让您久等了。我们今天早上实在是太忙了。在您等待朋友的时候，我想给您一些小点心尝尝。"

她眨了眨眼睛，把三个裹着黑巧克力的意式浓缩咖啡豆放在罗伯特咖啡杯旁边的盘子里。然后，她给咖啡杯倒满了咖啡，把咖啡壶放在桌上，又匆匆向门口跑去迎接一位新来的客人。

罗伯特仔细地看着她在房间里走来走去，一边和顾客们聊天，一边为顾客们的笑话开怀大笑。每倒一杯咖啡，她就给他们提供几颗裹着黑巧克力的意式浓缩咖啡豆。她所做的每一件事都给顾客们带来了欢乐，顾客们禁不住地笑着。

"喜欢你的第一堂课吗？"阿尔伯特从后面走近罗伯特时问道，"珍妮丝很了不起吧？我曾经花了很多钱把客户服务培训师请到我们公司，但事实证明，把员工们带到福勒咖啡馆，让他们看到珍妮丝的工作方式，效果要好得多。她有这样的天赋，能让所有的顾客都感到自己很特别。"

就在这时，珍妮丝走到桌旁。"帅哥，早上好！"她笑着问阿尔伯特，"和平时一样？"

"是的，谢谢，"阿尔伯特回答，"请给我的朋友罗伯特也带来一份。"

罗伯特不太确定阿尔伯特点的饮料是否合他的胃口，但他可以发现，珍妮丝哼着小曲把订单传达给了厨房。罗伯特听到了切菜的声音和搅拌器"嗡嗡"作响。不一会儿，珍妮丝端着两个巨大的奶昔杯走到桌前，杯子里装满了浓浓的深绿色混合物。

阿尔伯特急切地把饮料送到嘴边，而罗伯特则小心翼翼地打量着那杯饮料。罗伯特的犹豫全部写在了脸上。阿尔伯特看在眼里，放下了杯子，开始告诉罗伯特菜单上所谓的"觉醒奶昔"的来历。

"几个月前，我感到慵懒和疲惫。"阿尔伯特继续说，"珍妮丝很了解我，知道我已经准备好开始一种新的健康的饮食方式。所以她开始尝试，直到她找到了完美的营养丰富的奶昔。现在它已经成为这家咖啡馆菜单固定饮品和我的日常饮食的组成部分了。"

阿尔伯特继续分享心得，自从他开始喝健康的绿色奶昔之后，他的体重已经减掉了 10 千克，他比以前更有活力了。罗伯特的好奇心被激起了，他拿起了杯子，轻轻抿了一小口，发现这种奶昔非常好喝。

他们两人交谈的同时，珍妮丝继续在餐厅里四处走动，给咖啡杯续杯，让每个顾客都感觉自己是世界上最重要的人。

罗伯特说："从珍妮丝身上，我学到了很多关于客户服务的技巧。"

"我真为你感到高兴，"阿尔伯特笑着说，"但是，我们才刚刚开始。当你看到我为你准备的其他东西时，你的脑子就会为你的公司的各种可能性而想个不停了。你明天早上八点来我办公室，怎么样？"

"我已经迫不及待了！"罗伯特兴奋地说。

倾 听

罗伯特来到自己的保险代理公司,准备试试不同的方式待人处事。想起珍妮丝像对待家人一样对待来到她餐厅的顾客,罗伯特意识到自己和公司的员工们互相交流的时间太少了。所以这次罗伯特并没有像往常那样匆匆走过公司的大门,而是停在了前台。

"早安,梅。最近怎么样?"罗伯特与前台的接待梅打了个招呼。

梅显然很惊讶,因为罗伯特往常都是全神贯注于他的手机,阅读电子邮件和各种消息。通常,罗伯特经过公司大门的时候,几乎从来不和她打招呼。

"我很好,"梅说,"除了有点感冒,这已经持续了好几个星期了。"

罗伯特关心地说:"如果你想快点好起来的话,我建议你去福勒咖啡馆,尝尝他们的绿色奶昔。我今天第一次尝试那种奶昔,我觉得自己焕然一新。那种奶昔真的很有效果!"

梅不知道那些绿色奶昔是什么,但她希望罗伯特继续喝。她从来没有见过罗伯特如此积极乐观。

在办公室里,罗伯特查看了他的电子邮箱,看到他的会计师斯坦·弗里德曼向他推荐了一家大公司的首席财务官,他非常激动。在通常情况下,当罗伯特收到推荐信时,他会发一封电子邮件介绍自己,并与潜在的客户安排会面。他通常会用短信或电子邮件来感谢推荐人,但这几乎总是过了一段时间以后才做的事情,有时他甚至会忘记表达谢意。

想起珍妮丝如何以个人的方式与顾客保持联系,罗伯特决定尝试另一种方法。他拿起手机,拨通了斯坦的电话。

"嘿,斯坦!我是罗伯特。非常感谢你给我推荐吉姆。他看起来是个不错的潜在客户。你的推荐对我来说真的很重要。"

电话那边是一阵短暂的沉默。斯坦认识罗伯特已经20年了,但他不记得什么时候接到过罗伯特感谢他推荐客户的电话。

"你和你妻子都还好吧?"罗伯特继续说道。他知道斯坦的妻子一直在接受乳腺癌治疗。

"还行，现在情况比之前好多了，"斯坦说，"但是，从化疗的副作用中康复比我们之前想象的要困难得多。"

"听到这个消息我很难过，"罗伯特说，"我记得化疗对我母亲的影响。"

他们谈了大约 15 分钟的私事，然后斯坦把话题转移到工作上。斯坦说，吉姆·赫奇斯所在的公司是他最好的客户之一，快速增长的保险费用正导致吉姆的公司盈利能力下降。斯坦总结道："吉姆正在寻找一些可靠的保险解决方案，他找我打听。当然，我马上就想到了你。"

罗伯特再次感谢斯坦，然后挂断了电话。

他立刻上网订购了一束鲜花给斯坦的妻子。这种亲近感使他感觉很好，甚至比他从斯坦那里得到的业务上的推荐还要好。

那天晚上，罗伯特一到家就给了他的妻子玛丽安一个吻和一个大大的拥抱。他没有冲进客厅去看报纸，喝着他惯常喝的杜松子酒和奎宁水，而是坐在厨房的一个高脚凳上。玛丽安正在把帕尔玛干酪磨碎，准备做一顿意大利肉酱面当晚餐。当她描述当天和老板之间的分歧时，罗伯特全神贯注地

听着,他理解玛丽安的沮丧。

通常,当玛丽安分享她的工作挫折时,罗伯特会打断她,然后提出解决方案。然而,在体验了认真倾听可以帮助他更好地与梅和斯坦建立联系之后,他决定在家里尝试同样的方法。

玛丽安不知道是什么让罗伯特的行为突然发生改变,但她希望它能继续下去。

震 动

半夜的一声巨响惊醒了罗伯特和玛丽安。他们的房子吱吱嘎嘎地响着,好像有个巨人踩在上面似的。他们最初以为是一辆车撞到了楼下的起居室。但当听到他们26岁女儿安德莉亚的房间里传来的尖叫声以后,他们跳下床,冲到走廊上。

他们发现安德莉亚害怕地坐在床上,额头上的一个小伤口是她唯一可见的受伤迹象。一阵强风把后院的十层楼高的花旗松上的一根大树枝刮落下来,这真是太惊险了。它从屋顶上掉了下来,落到了安德莉亚房间的正中间。她最近刚搬回来住,以便攒下买一套公寓的首付款。

在安抚了安德莉亚并把她安置到楼下的沙发上之后,罗伯特和玛丽安回到了他们的卧室。在这么晚的时候,对于树枝和屋顶,他们什么也做不了。好在大风已经平息下来了。

由于全身肾上腺素激增,罗伯特无法入睡,他蹑手蹑脚地走到楼下的办公室。他给阿尔伯特发消息,解释说他不能按计划在第二天见面。然后,他又回到床上睡了几个小时。

当罗伯特醒来时,看到阿尔伯特回复的消息:"真高兴你们都没事!打电话给树木学公司的特里·琼斯,他可以帮助你们清理树枝。"罗伯特找到了树木学公司的网站,点开了主页上的视频。视频展示了特里站在一棵美丽的日本枫树旁,解释了他小时候爬过所有邻居家的树,以及他是如何幸运地以爬树为生。就在特里说话的同时,屏幕上滚动着树木学公司的顾客们欢笑的照片和他们的评价。罗伯特打开了树木学公司的博客,里面有很多关于树木护理的有用文章。

罗伯特对树木学公司的专业知识深信不疑,他给特里打了个电话,只响了两声电话就被接起来了。罗伯特解释了树枝砸坏房屋的情况。

"哇,听起来真是走运!你们非常幸运,没什么大问题。"特里说,他的声音里充满了关切。

几个小时后,罗伯特听到一辆小货车驶入车道时发出嘎嘎的声。他看到一辆两边都装有加长伸缩梯的绿色货车。特里的个子不高,1.6米出头,有着一头浓密的金色短发,体格健壮,非常适合爬树。

特里紧紧地握着罗伯特的手打招呼,同时抬头看着从屋顶伸出来的树枝。特里说:"这可是一件令人印象深刻的纪念品。"

特里立即开始工作。他绕着掉下树枝的那棵树的根部走了一圈,然后挖出泥土,检查树根的情况。他回到卡车上拿着绳子和滑轮,罗伯特惊奇地看着特里迅速爬上树的中点,仔细研究了从树干上分出两根主要分支的地方。

特里用绞车把倒下的树枝从屋顶上取下来,然后在一个宽 1.5 米、长 2.4 米的大洞上盖上了一块塑料防水布。

当特里下到地面的时候,罗伯特正在等着他。罗伯特急切地想知道下一场大风暴是否会把整棵树吹倒,砸在他或他邻居的房子里。特里很快打消了他的担心。

特里说:"你家的树目前大约有 150 年的树龄,对于一棵花旗松来说还很年轻。它看上去有一个强大的根系,并且没有近期倒下的危险。事实上,当我们的曾孙辈们生活在地球时候,它应该还可以矗立在这里——像这样的树通常可以活 500 年甚至更久。"

特里建议将枯枝修剪掉,以减少风对树木的冲击。他还向罗伯特推荐了他网站上的文章，这些文章描述了修剪花旗松的一些细节。他还提出把罗伯特列入他每月提供树木护理和园艺信息的电子期刊的寄送名单。

特里继续说："我今天上午晚些时候会让我的员工们把这个洞用木板封起来，直到你的屋顶彻底修补好。不过，现在这块防水布应该可以暂时用一下。"

罗伯特很感激地邀请特里到家里喝杯咖啡，吃些玛丽安做的花生酱曲奇。罗伯特搬了一把椅子放在餐桌旁，坐在特里对面，问他："你认识阿尔伯特多久了？"

"嗯。现在大概有 10 年了。他是我一个比较新的客户。大多数客户已经和我们公司合作 20 年或更久了。"特里回答说。

这让罗伯特深受触动，他问特里有什么秘诀可以这么长久地维系客户。

特里说："其实简单。我首先是一名树木老师，其次才是一名修剪师。"

罗伯特继续问："你这话是什么意思？"

特里解释说，他的许多大型竞争对手并没有看到与客户分享知识的价值。相反，他们试图通过广告和打折来赢得市场份额。相比之下,他认为给顾客提供专业知识和一流服务更重要。他确信这种方法已经帮助树木学公司成为当地最成功的树木护理公司之一。

特里继续说:"我也明白了接受新想法的重要性,因为消费者收集信息和做出决策的方式在不断变化。"

他解释说,当他的儿子亚当加入家族企业时,树木学公司与客户的交流沟通能力有了显著提高。亚当进入公司后做的第一件事情就是制作了一份每月一期的电子期刊,教客户如何养护他们的树木,并创造美丽的户外空间。

"每次我们为新客户完成一份工作,我们都会问他们是否想要我们的电子期刊。"特里说,"我们的第一期期刊发送给了大约40位家庭成员和朋友。如今,每个月大约有6 000人收到我们的期刊。每当我们发出一份期刊,我们的推荐人就会上升,因为它能让客户把我们始终牢记在心。"

罗伯特继续提出与市场营销相关的问题。显然,特里非常喜欢尽自己所能帮助客户。他解释说,树木学公司的宣传视频和博客可以有效地帮助公司在搜索引擎显示的排名上取得领先优势。他的儿子密切关注着公司的线上数据,因此特里得以了解什么样的信息吸引了网站访问者,以及他们是如何发现他的公司的。

  罗伯特的脑子里充满了各种可能性。如果像树木学公司这样的小公司都能够根据客户的需求调整与客户的沟通方式，为什么汉森保险代理公司不能做同样的事情呢？

灵 感

罗伯特非常兴奋地想和他的员工们谈论新的营销理念，以至于他没有在意就很快从两名戴着圣诞帽的人身边开车驶过。他们在离罗伯特的办公室只有几个街区的一个拐角摇着手摇铃。

　　罗伯特从来没在附近见过有人摇手铃，他瞥了一眼后视镜，发现其中一个人有一头特别的卷曲的灰色头发，就像阿尔伯特从帽子底下伸出来的头发一样。他迅速掉头去看看。

　　"嘿！原来是你啊。"当罗伯特摇下车窗时，阿尔伯特说，"昨晚你家里发生了那么可怕的事情，我很惊讶还能在这里见到你。"

　　罗伯特笑着说："我本来没有打算来上班。但是你介绍的树木学公司的那个家伙给我介绍了许多好主意，让我激动不已，我迫不及待地想和我的团队分享这些想法。"

"我一点也不惊讶，"阿尔伯特说，"特里是我认识的最聪明的商人之一。如果你有时间，你为什么不下车，让我把你介绍给我的朋友斯科特·博伊尔？"

罗伯特觉得斯科特这个名字听起来很熟悉，他的脸看起来也很熟悉，但罗伯特还是没能想起来他是谁。罗伯特找到一个停车位，然后走回去和他们会合。

"你们俩在这里多久了？"罗伯特问。

"大概两个小时吧，"阿尔伯特回答说，"但当我和斯科特在一起的时候，时间过得真快。"

罗伯特问他们的捐款情况如何。罗伯特估计他们收入不会太多，因为他们在一个完全算不上繁华的地段募集捐款。

"我们当然会有一个好的开始啦。"斯科特回答说，"我们已经收到了大约 2 500 美元的捐款。而且，无论我们筹集到多少捐款，银行都会捐出一样的金额。"

罗伯特的脑海中出现了一个念头：正在和他交谈的是斯科特·博伊尔。博伊尔家族创办了第一城市银行。但罗伯特不明白为什么斯科特和阿尔伯特在一个寒冷的冬日里摇手铃。

斯科特仿佛读懂了罗伯特的心思，斯科特接着说："在我小的时候，我每年都和我爸爸摇手铃募捐，就像以前他和我爷爷一起摇手铃募捐一样。事实上，我的祖父开始摇手铃募捐是因为他想为大萧条时期的人们做些事情。不久，我爷爷的员工们也加入进来。在过去的80年里，我们的大部分员工都自愿来摇手铃募捐，而且许多人在过去的几十年里每年都这样做。"

汽车喇叭打断了他们的谈话。斯科特走到街上，随即一辆黑色豪华轿车的窗户慢慢地降下来。一个衣冠楚楚的人伸出手来，拿着五张崭新的一百美元钞票，打招呼说："斯科特，圣诞快乐！谢谢你为大家所做的一切。"

斯科特回到阿尔伯特和罗伯特的身边。"那个家伙卖的是我们银行用的金融软件。"他继续解释说，"我总是让我们银行的供应商知道我将在哪里摇手铃募捐。我的员工也会告诉他们的朋友和家人他们在哪里摇手铃募捐。你会惊奇地发现，当你提出请求的时候，会有很多人愿意为一个有价值的事业做出贡献。"

阿尔伯特点点头，说："我以前只是把钱放在斯科特的桶里。但当我看到他和他的员工们有多开心时，我就忍不住想加入他们。现在我无论如何也不会错过这个节日的传统了。"

当阿尔伯特说话时,罗伯特注意到街对面有一个老人。他推着一辆装满瓶子的购物车沿街收集瓶子。

"你怎么样啊,杰克?"斯科特喊道。

收废品的老人抬起头,咧嘴笑了笑,然后穿过街道,往斯科特的桶里扔了一把他辛苦挣来的硬币。

改 变

在几个街区以外，汉森保险代理公司的办公室里仍能听到微弱的手摇铃的铃声，八名员工围坐在一张黑色的椭圆形会议桌旁。木质镶板的墙壁上挂着20世纪20年代该公司刚成立的时候就有的沧桑的、泛黄的老照片。

在场的每个人都知道汉森保险代理公司有麻烦了。大家都有一种不祥的预感，认为罗伯特打电话召集会议是要宣布裁员。当罗伯特大步走进房间时，几名焦虑的员工开始了深呼吸，他们已经做了最坏的打算。

"正如大家所知道的，过去的几年，保险行业一直竞争非常激烈。"罗伯特开始说。人们交换了一下眼色，有些人紧张地握紧了拳头。

"我很感谢在座的每个人一直以来的努力工作，"罗伯特继续说，"但是仅仅努力工作是远远不够的，我们需要接受亨利·福特的智慧，他曾经说过：'如果你总是做你一直以来在做的事情，你就只能得到你一直以来得到的东西。'就我们目前的情况而言，我们需要更好地与客户建立关系，这样他们就会和我们一直合作下去，并给我们推荐新的客户。我一直在学习如何能把这件事情做得更好。"

罗伯特的乐观情绪立刻振奋了人们的情绪。他接着说："我知道，我们很容易让客户觉得保单的技术细节和理赔的流程非常烦琐。当过于强调这些内容的时候，我们就失去了我们业务中本该有的人性化。"

"几天前，我在贝肯街的福勒咖啡馆看到了珍妮丝的工作状态。我亲眼看见，虽然她得自己一个人给整个咖啡馆的顾客服务，但她和餐厅里的每一个人都建立了私人的友谊。"

听到珍妮丝的名字，几个员工笑了起来。

保险代理人里克·佩顿说："当我去福勒咖啡馆的时候，珍妮丝让我感觉自己就像坐在我妈妈的早餐桌上。她的热情好客真的是令人印象深刻的。"

其他几个人点了点头。然而，有一个人却对于罗伯特的话充满了怀疑。彼得·康斯坦扎已经在该机构工作了23年，他已经快退休。他俯下身子，向新来的员工萨姆·黑尔斯说：

"老板是病急乱投医了，我真不敢相信他会从女服务员那里想到生意上的点子。"

罗伯特没有听见彼得的话，继续说："正如你们大多数人所知道的，昨晚我家侥幸躲过一劫，突然有一根树枝砸穿了我家的屋顶。这件事不仅提醒了我们所销售的保险的重要性，而且我也有幸从中学到了一堂很好的客户关系管理课程。负责打理和检查我家的那棵花旗松的修剪师告诉我，他的公司一直建立强大的客户关系，从而为公司的成长提供动力。"

当罗伯特分享了他从特里身上学到的经验时，彼得翻了个白眼，向萨姆挤眉弄眼。与此同时，罗伯特的女儿安德莉亚以最快的速度在做笔记。自五年前从大学毕业后，安德莉亚就一直在这家公司工作。她很兴奋地听到她父亲的想法之中，有一个与她已经思考了好几个月的构思不谋而合。

回　馈

开完员工会议后，罗伯特迈着多年来从未有过的轻快步伐回到办公室。但当他坐回他的高背皮革办公椅时，前一天晚上睡眠不足的倦意向他袭来。他闭上眼睛打了个盹儿。

25分钟后，他醒了过来，感觉神清气爽、精神集中。出于对斯科特·博伊尔的摇铃活动的好奇，他开始在网上搜索相关的内容。第一个结果是当地报纸的头版报道。在一张微笑的斯科特的照片下面，罗伯特读到：

80年来，博伊尔家族在每年的12月份都会出现在城市的街道上。第一城市银行的总裁斯科特·博伊尔和该行的75名员工自感恩节以来一直在为慈善事业摇手铃募捐。无家可归者收容所"手牵手"的区域副总裁蒂姆·麦卡锡说："如果没有博伊尔家族和第一城市银行员工的筹款，我们就无法给那些需要我们帮助才能生存下去的人提供场地和食物，尤其是在这寒冷的冬天。"

第二个搜索结果是本地商业报纸的另一则报道，它聚焦于第一城市银行的业绩在最近的经济低迷时期仍然保持稳步增长。

尽管许多城市银行的市场份额被拥有巨额广告预算的大型全国性银行抢占了，但第一城市银行的业绩在过去10年里却呈现出稳步增长。客户满意度调查显示，第一城市银行的客户对该银行的优秀服务以及诸如每年的节日摇铃募捐等慈善活动给予了很高的评价。

罗伯特马上想到他的保险代理公司是如何脱离了那些支持社区的活动的。10年前，他的公司赞助了一个当地的少年棒球联盟球队，在非营利组织筹款活动上购买了桌子，并且会匹配员工的慈善捐款。然而，在经济衰退的冲击下，罗伯特被迫停止了公司的慈善活动。而且从那以后，他再也没有重新做慈善活动。

当罗伯特想办法让自己的公司重新融入社区，回到捐助慈善事业的轨道上时，他接到了阿尔伯特的电话。

阿尔伯特在电话那头说："谢谢你今天早上过来。斯科特告诉我，他希望有更多的时间和你聊聊。你明天能参加我们在市中心的扶轮社午餐会吗？"

这些年来，罗伯特曾被多次邀请参加扶轮社的会议，但自从他与他的父亲一同参加一次以后，他就再也没有参加过。尽管许多他在扶轮社的朋友都鼓励他参加会议，但他觉得自己无法从繁忙的日程中抽出时间来。不过，因为是阿尔伯特发出的邀请，罗伯特毫不犹豫地就接受了。

挂断电话后，罗伯特在安德莉亚的办公桌前停了下来，准备喊她一起回家。在安德莉亚的电脑屏幕上有一张爱丽丝的照片。爱丽丝是汉森保险代理公司过去 25 年的客户服务代表。安德莉亚正在以问答的形式写一篇对爱丽丝的采访。

"你在忙什么呢？"罗伯特问。

安德莉亚回答说："是这样，听了你这么多关于特里的电子期刊，我想我们应该开始做一份我们自己的电子期刊了。我已经写了一篇关于伞式责任保险的文章，这是一个重要的内容。但是，我也想让人们了解我们是谁，所以我决定采访爱丽丝。你怎么看?"

当罗伯特开始阅读这篇文章的时候,他惊讶地发现了一些关于爱丽丝的事情,而这些事情他从来都没有听说过。爱丽丝不仅是多个社区组织的志愿者,而且是一个网站的编辑,该网站报道了当地的奇闻趣事。

而且,爱丽丝并不是公司里唯一一个回馈社会的人。公司里的许多同事都是非营利组织的志愿者,活跃于志愿者俱乐部和宗教机构,有些人还是家庭教师协会的领导人。他们共同努力,使汉森保险代理公司从激烈的保险市场竞争中脱颖而出。这些大型保险公司的员工没有几个人在当地的社区中生活并参加志愿服务。

安德莉亚问道:"你觉得怎么样?"

罗伯特回答说:"很多年前,我们就应该分享这些伟大的故事。"

会　员

皇家酒店大理石装饰的大堂富丽堂皇，扶轮社在过去50年里的每周二都会在市中心举办一次午餐会。当罗伯特想到自己很快就会像他20年前最后一次参加扶轮社的会议那样，和那些西装革履、表情严肃的男士一一握手，他觉得好像要回到过去。

当他到达格调高雅的餐厅时，罗伯特差点以为他来错地方了。出席午餐会的300多人当中，大多数都穿着商务休闲装，其中大概有三分之一是女性。300多与会者中，有超过半数的人看起来不到40岁。

罗伯特注意到阿尔伯特在一个角落里向他招手，立刻感到如释重负。因为在一屋子陌生人面前，罗伯特总是会感到不自在。他蜿蜒穿过正在热烈交谈着的人群，加入了阿尔伯特和斯科特的谈话中。

"我很高兴你能来,"阿尔伯特拍拍罗伯特的背说,"赶紧吃午饭吧,我们都已经饥肠辘辘了。"

当他们等餐的时候,罗伯特说:"你们扶轮社和我想象的完全不一样。20年前,我上次来扶轮社时,所有与会者都是男性白人。还有,可能只是我变老了,但似乎这里的年轻人比我记忆中要多很多。"

斯科特笑着说:"我和你感觉一模一样。我一直跟周围的人说我们并没有变老,只不过其他人都越来越年轻了!"

斯科特解释说,过去几年里,扶轮社的多元化在领导人方面体现得很明显。过去五任扶轮社主席中有三位是女性或少数族裔。在过去的10年里,扶轮社领导层的多元化帮助它吸引了与以往不同的成员。

"说到新人,让我们认识一些新人吧。"阿尔伯特说着,就领着斯科特和罗伯特转向一张有八个座位的桌子,有三位女士已经坐在那里了。

阿尔伯特打招呼说:"嘿!请问你们介意我们过来一起坐吗?"

一位30多岁的黑人女性笑着说:"请,请坐。我是艾比·理查兹。很高兴认识你们。"

罗伯特在艾比旁边的一个座位坐下来，做了自我介绍，然后问道："你加入扶轮社多久了？"

艾比回答说："我加入扶轮社已经四年了。在那之前，我获得了一笔扶轮社奖学金，在澳大利亚读了一年研究生。"

罗伯特只有一次去加拿大的出国经历，他对于国外的生活很感兴趣，继续问道："住在澳大利亚感觉怎么样？"

"你有时间慢慢聊聊吗？"艾比笑了起来，说，"那真的是我一生中最美妙的经历之一。"她解释说，在去澳大利亚之前，她也不知道会怎么样。她很高兴地发现，她在澳大利亚遇到的几乎每个人都热情、友好。

"一开始，我以为自己是外国人，所以受到了特殊待遇。但是后来我发现，那里的每个人都非常友好地对待彼此。那可真是一次令我大开眼界的独特体验。"

阿尔伯特补充说："我一点也不惊讶。几年前，我有幸去了澳大利亚参加悉尼的国际扶轮年会。澳大利亚的扶轮社会员们非常热情好客。那绝对是我去过的最友好的地方之一。今天说的这些关于旅行的话题，让我有了来一场说走就走的旅行的冲动。"

斯科特说："嗯，你很幸运。艾比经营一家旅行社。去年，

她为我和妻子安排了一次非常完美的为期三周的南美之旅。"

"扶轮社很不错吧?"艾比笑着说,"我可以聊一些有趣的事情,而且扶轮社会员们也会推荐我的业务!"

扶轮社主席宣布会议开始。在这个长达一个小时的会议中,罗伯特了解到扶轮社在当地及国际上赞助的许多有价值的社区服务计划。虽然这个很有趣,但罗伯特发现很难把注意力集中在会议的话题上,因为与艾比的对话让他幻想着和妻子一起去度假——他们已经很多年都没有去度假了。

罗伯特的白日梦使他暂时忘记了他的财务危机。会议结束后,罗伯特把自己的名片递给艾比,说:"我真高兴能够认识你。我可以最近就去你的办公室吗?我想请你帮我为我的妻子制订一份惊喜假期的计划。"

"我很乐意效劳,"艾比回答,"我在我的家里办公。那么,下星期一上午 10 点在旅游咖啡馆见面怎么样?"

在确认见面时间后,罗伯特回到了斯科特和阿尔伯特的身边,他们建议一起走楼梯到停车场。阿尔伯特说他一直在利用各种机会锻炼,因为他相信他父亲长寿的秘诀之一就是坚持运动。

下楼的时候,罗伯特无法掩饰自己激动的心情,说:"参加这个会议真是太好了！时机再好不过。很长一段时间以来，我一直想给玛丽安一个惊喜，带她去旅行，而艾比似乎就是最佳人选。"想了想，他又问道："出于好奇，我想问问你们认为她身为一名扶轮社会员，能从扶轮社的会员中获得多少业务啊？"

斯科特说："我敢肯定，有很多。上周午餐会的时候，我坐在我们主席吉姆·米勒旁边，聊了聊多年来扶轮社对我们各自企业的帮助。吉姆告诉我，他现在大约四分之一的业务来自扶轮社会员和会员们的推荐。"

"这真是令人震惊啊。吉姆是典型的成功案例吗？"罗伯特继续问道。

阿尔伯特回答说："对于一位忠实的扶轮社会员来说，这并不奇怪，但这需要时间。我成为扶轮社会员已经将近30年了，而我爸爸在退休前也当了50年的扶轮社会员。我估计我的公司大约有20%的客户来自我们多年来在扶轮社所建立的联系。"

"但我没有注意到有人像我在其他商务会议上看到的那样交换业务信息。"罗伯特说。

"是的，扶轮社与那些鼓励成员互换业务信息的商业团体不一样，"阿尔伯特说，"我们专注于'超越自我的服务'。作为扶轮社会员，我们有许多机会参与社区及海外的扶轮社服务项目。通过这些项目，我们建立了联系，互相之间成了朋友。我们在扶轮社结识的一些朋友，后来也成为生意上可以合作的伙伴。"

对于罗伯特来说，阿尔伯特传达的信息很明确：和所有人一样，扶轮社会员们更喜欢与他们认识、喜欢并信任的人做生意。扶轮社会员每周见一次，在服务项目上合作，有机会发展深厚的友谊。当到了要选择和谁做生意的时候，扶轮社的会员就自然地会去找其他扶轮社的会员合作了。

贺 卡

"看看那些有 300 年历史的建筑和鹅卵石街道。我真想再去德国旅游！"玛丽安感叹道。

罗伯特从办公室回来，发现玛丽安全神贯注地看电视节目。他坐在她旁边的沙发上，看着节目主持人正在给观众们介绍德国巴伐利亚的乡村风光。

从小到大，玛丽安的父母都会在每年夏天带着她去德国，看望她在德国的爷爷奶奶、叔叔阿姨，还有其他亲戚们。那些旅行是她童年最快乐的回忆，她常常期望再去德国看看。

"我们下次一起去吧，我向你保证。"罗伯特深情地说。与此同时，当他们的财务状况不稳定时，他对自己让玛丽安对这样的旅行抱有希望而感到内疚。

那天晚上，罗伯特躺在床上，想着他这几天学到的关于建立更好的商业关系的所有办法。他知道他应该开始把事情写下来，这样他就可以把很多的好想法付诸行动。但在他爬起来前，他就因为太困睡着了。

第二天早上，当他醒来的时候，他闻到了德国苹果煎饼的香味。那是玛丽安最喜欢的菜品之一。他匆忙穿上衣服，他知道自己要抓紧时间，以便准时赶上他和艾比的会面。

玛丽安站在烤炉旁，手里拿着铲子。"早上好，"罗伯特亲吻了她，继续说，"很抱歉，我不能跟你和安德莉亚一起吃饭。你的煎饼像往常一样闻起来很香。"

玛丽安说："昨晚看电视节目的时候，我就想到今天早上做德国苹果煎饼。"

"我能回来再吃吗？"罗伯特问。

"当然。"玛丽安亲吻了他的脸颊。他走出门，想着满是苹果片、熔化的黄油和枫糖浆的松软的热煎饼。

到了旅游咖啡馆，罗伯特发现艾比正在用她的笔记本电脑工作。他向艾比挥手致意，但艾比没有看见他。当他走向她的桌子时，他注意到她在微笑。

"嘿，艾比，"罗伯特说，"希望我没有打扰到你的重要工作。"

艾比抬起头，露出灿烂的笑容，说："真高兴见到你！

我只是在给贺卡做最后的润色。"

在艾比的笔记本电脑屏幕上，罗伯特看到了两张照片：一张是艾比和另一个女人的合影，两人都穿着华丽的晚礼服，站在一家豪华酒店的大堂里；另一张则是只有一把遮阳伞和一张沙滩椅的空无一人的热带海滩。在这两张照片的下面，艾比用手写体加了一张便条。

"昨天晚上，我参加了我儿子所在小学的慈善拍卖。"艾比解释道，"在活动中，我和你看到的那张合影中的珍妮特交谈。她和我一起参加家长会。在吃饭的时候，她告诉我，她想在圣诞节期间组织全家去澳大利亚旅行，但是没有时间。因此，我正在制作一张贺卡，上面有我们在活动现场的照片，还有一张我最喜欢的澳大利亚海滩的照片。我还附上了一条信息，告诉珍妮特我多么喜欢我们之间的聊天，以及我将多么乐意帮助她制订他们全家去澳大利亚旅行的计划。"

艾比以这么贴心的方式对待潜在客户，让罗伯特印象深刻，他感叹道："你真是太周到了。但对于一封电子贺卡来说，这似乎是也太大费周章了吧？"

艾比回答说："这不是一封电子贺卡，我正在创建一个真正的贺卡网站，这将让我可以使用我自己的照片、个人手写字体和签名。然后，这张贺卡会以比商店里买的卡片便宜得多的价格打印、包装、盖章，然后替我寄到客户的手里。"

这再次给罗伯特留下了深刻的印象。他不记得他除了圣诞节以外上次收到贺卡的时间了。然而，他又问道："在商务场合，使用贺卡是不是有点过时了？"

"你说到重点上了！"艾比说，"现在的人们被各种信息狂轰滥炸，往往会忽视电子邮件和社交媒体的信息。但我的经验告诉我，我寄出的个人贺卡总是会被打开并产生了效果。因为收到贺卡的人们总是会给告诉我收到了贺卡！"

她接着说："过去，我常常向那些会预订商务旅行的公司的人力资源部门和销售经理发送数百封电子邮件，介绍我的服务。但是，这些电子邮件并没有让我与众不同，也没有帮我做成多少生意。这些电子邮件中的大多数可能在被阅读之前就被删除了。"

艾比补充说："现在，我专注于与现实世界中的人建立有意义的联系，我也会用个人贺卡来帮助拓展新的业务。"

艾比讲述了她是如何去办公室拜访她的客户，并发现他们仍然还留着许多年前她寄给他们的贺卡。艾比自豪地说："个人贺卡是我维护老客户和能让老客户把我推荐给新客户的秘密武器！"

"我很想让我的团队试用一下你的秘密武器。"罗伯特说，"事实上，我很想让你来参加我们的员工会议，并解释你在做什么。但是，我首先需要你帮我做点其他事情。"

罗伯特告诉艾比，他妻子在德国度假的梦想——她想去的地方、喜欢的食物和住宿。

"嗯，你给了我足够的信息来计划一次非常棒的旅行。"艾比说，"你应该计划一次至少两周的旅行，这样你才有足够的时间去游览你妻子清单上列出的所有地方，而不会感到太匆忙。而且，她很有品位。你描述的是一次五星级的体验。我大概想了一下在机票、酒店、地面交通和食宿方面的开销，一次这样的旅行预算得超过 10 000 美元。"

罗伯特皱起了眉头，摇了摇头。

艾比读懂了他的表情，回应说："如果现在去德国不方便的话，其实还有一个值得考虑的选择。"她开始打字。马上，电脑上出现了巴伐利亚风格房子的图片。只不过这些建筑并不在德国，而是在 300 英里之外的一个小镇上。那个小镇是按照巴伐利亚风格建造的。

艾比向罗伯特保证，这个巴伐利亚风情小镇绝对是一个有趣的旅游景点。她说："我去年去过那里，那里无论是徒步还是骑自行车都非常不错，还有很多德式餐馆和别具一格的商店。这也许正是治愈你妻子对德国的怀旧之情的良药……而且需要的预算也很少，我想你没有办法说'不'。"

"听起来不错，"罗伯特问，"你能帮我办理预订吗？"

"可以，只要你愿意的话。"艾比说，"不过，如果你直接自己预订的话，费用就会便宜一些。我非常乐意推荐一些吃饭、住宿的地方，以及行程安排。"

罗伯特说："很抱歉，我没有付给你任何报酬——你拿预订佣金的，对吧？"

"别为我担心，"艾比说，"我的工作就是帮助人们体验激动人心的旅行，不管我是否能挣到佣金。从我的经验来看，我知道有些人会成为付费客户，更多的人会把我推荐给他们的朋友，不管他们是否通过我预订行程。"

惊 喜

"现在，你可以告诉我我们要去哪里了吗？"当罗伯特为玛丽安打开车门时，她问道。

在过去的一个星期里，罗伯特一直在为庆祝他们结婚30周年纪念日而安排一次惊喜的旅行。尽管玛丽安已经想尽一切办法寻找蛛丝马迹，但罗伯特还是对他们的目的地保密。他告诉她唯一的一件事就是准备四天的行李。

当他们开车往机场方向去的时候，玛丽安很肯定地说他们要去佛罗里达。为了让玛丽安猜不到目的地，罗伯特建议她带上一套游泳衣、舒适的鞋子和休闲装——对于玛丽安来说，这似乎暗示着是要去他们多年前曾经去度过假的基韦斯特。

当罗伯特开车驶过高速公路的机场出口时，悬念更深了。不过，玛丽安似乎并不介意，因为她很高兴他们终于要去度假了。她一边看着罗伯特，一边不停地说笑。

开了三个小时后，罗伯特拐上了一条蜿蜒的山路，并且开始摆弄收音机。刚开始，汽车的扬声器里传出刺耳的静电声，没过多久，微弱的波尔卡舞曲声越来越大。当这首舞曲结束时，一位播音员开始用纯正流利的德语播报天气预报。

玛丽安的眼睛亮了起来，她惊喜地说："我知道了。我们要去奥格斯堡了！我从去过那里的朋友听说过，那里非常好玩。"

一小时后，他们转向了一条崎岖的碎石路，开到了一栋三层楼的房屋前。那座建筑是巴伐利亚风格的，有着实木横梁和白色的外墙，上面装饰着许多开满的紫藤花和其他色彩鲜艳花朵的花篮。房子的旁边有一大片草地，远处还有巍峨高耸的花岗岩山峰。这栋房子看起来好像已经存在了好几百年了。

罗伯特把车停好。当他和玛丽安走下车，呼吸傍晚清新凉爽的空气时，一只黑白相间的大丹狗摇着又长又细的尾巴，慢慢走过来迎接他们。

"我真希望你们不害怕狗。"一个男人从前廊里喊。民宿老板是个瘦瘦的中年男人，留着一头卷曲的棕色头发，面带笑容。他轻快地从房子里走下来迎接他们,说:"欢迎来到阿尔卑斯民宿。我是山姆·约翰逊。我看到我们民宿的狗狗使者查克已经迎接你们的到来了。来,让我帮你们拿行李吧。"

玛丽安和罗伯特跟着山姆一起向房子走去,他们惊讶地发现自己走得有点慢,然后他们才意识到是因为海拔高了的关系。山姆请他们在壁炉前的客厅里不要拘束,先休息一下。然后,山姆把他们的行李送到了房间里。

温暖的炉火消除了他们旅途的疲劳,茶几上摆放的花草茶和自制的苹果馅饼给他们带来了活力。山姆带着一个写字的夹板回来了,他在汉森夫妇的对面坐了下来。

"在奥格斯堡,有很多可以去参加的活动。"山姆开始说,"但这也是一个可以让人放松的好地方。如果你不太累的话,我很乐意现在就给你们提供一些建议。"

山姆是在奥格斯堡长大的,他对这个地方了如指掌。玛丽安和罗伯特仔细听着山姆给他们的自行车骑行和徒步旅行的路线。山姆告诉他们在哪家餐馆的德国菜最好吃,并建议他们去听波尔卡音乐,如果他们喜欢的话还可以跟着音乐跳舞。

当罗伯特和玛丽安都打哈欠的时候,山姆停下了介绍,

说:"如果我介绍得太多把你们累坏了的话,那就真是对不起了。一旦我开始在介绍奥格斯堡好吃的和好玩的,我就很难停下来。还有一件事,你们明天早餐想吃什么?"山姆指着厨房门旁边的一块黑板,上面写着各色令人垂涎欲滴的美味餐点。他们选好了以后就回到房间休息去了。

在接下来的三天时间里,汉森夫妇大部分时间都在沿着环绕城镇的狭窄的林间小径上徒步旅行。他们已经好几年没有一起远足了,新鲜的空气和运动使他们精力充沛。晚上的时候,他们就在舒适的客厅里,坐在噼啪作响的炉火前聊天。

在他们返程的前一天晚上,玛丽安早早地躺在床上看书,准备睡觉了。山姆的妻子,同时也是民宿的合伙人之一的格蕾丝来到客厅,罗伯特正坐在客厅里读书。

"睡前小酌一杯怎么样?"她问罗伯特,"再过几分钟,就会有一批巧克力饼干从烤箱里新鲜出炉了。巧克力饼干搭配一杯波特酒,是非常完美的搭配。"

罗伯特一直希望能有机会能打听一下民宿的问题,因为这家民宿给他留下了非常深刻的印象。除了美味的早餐之外,还有许多其他的体贴入微的东西,从下午新鲜出炉的烘焙食品到有着免费葡萄酒、啤酒和软饮料的自助酒吧的图书馆。

一会儿，格蕾丝端着一盘饼干和两杯深红色波特酒回来了。在夸赞了她的美味饼干之后，罗伯特问："是什么启发了你和山姆经营这家民宿？"

"问得好！我们其实并没有成为大老板的宏伟计划。事实上，我们搬到这里是为了让山姆早点退休去钓鱼。我想改变一下生活节奏，把乡村的房子卖给城市居民。"

格蕾丝继续说："幸运的是，在城市里做了25年房地产经纪人之后，我有一批非常了解我的客户。我曾帮助他们中的一些人购买和出售多套住房。多年来，我一直通过电话、私人拜访和其他一些小礼物与他们保持联系，比如感恩节和情人节时赠送我自制的派和礼物。"

格蕾丝解释说，她的许多客户要么想退休以后去乡下生活，或购买一套度假别墅。然而，他们在奥格斯堡找房子的时候，却发现除了仅有的一家不怎么样的经济型酒店外，几乎没有什么像样的地方可以过夜。

听到客厅里的谈话，山姆也走了进来。他挨着格蕾丝，坐在沙发上，然后说："我原来认为，退休后的闲暇生活对我来说再好不过。但几个月后，我就觉得无聊了。格蕾丝在为她的客户寻找住处时遇到的困难让我开始考虑接受新的挑战。"

阿尔卑斯民宿提供了他所寻求的挑战，山姆解释说："改建这栋建筑确实需要花点工夫。当我们第一次看到它的时候，前院杂草丛生，房屋里外的油漆都已经剥落。幸运的是，这座建筑的主体结构还很完整。我们知道，我们可以让它焕然一新。"

刚巧玛丽安走进客厅，想找点什么来满足她对甜食的渴望。听到他们的谈话，她赞叹说："真不敢相信，这么好的地方曾经快要被废弃了。现在，这里看起来真漂亮。我和罗伯特非常享受在这里的时光。"格蕾丝和山姆报以微笑。

山姆回应道："非常感谢，能够得到你们的认可对我们非常重要。如果不介意的话，你们能在网上给我的民宿写一些评论吗？从客人那里得到的好评就是我们最好的营销，75%的客人在决定选择来我们这里住之前会阅读网上的评论。"

山姆解释说，在他们创业最开始的几年里，他们很幸运地在不知道的情况下得到了客人们在网上的好评。当他们注意到这些好评带来了大部分的预订时，他们决定在结账的时候去询问客人们的感受，看看是否可以给个好评。

山姆继续说："我们很高兴地发现，客人们很乐意在我们问他们的时候，帮助我们宣传民宿。但我们需要让大家都轻松些，因为我们不能指望客人们都愿意发表评论。"

罗伯特回忆起他们是如何找到这家民宿的。"当我在奥格斯堡寻找住处的时候，你们这家民宿出现在了搜索结果的最前面。令我印象深刻的是，你们民宿的评论比任何其他住宿的地方都要多，甚至超过了那些大型酒店。"

"这是我最爱听到的事情！"山姆从椅子上跳了起来，兴奋地说，"我们的民宿占据搜索引擎和旅游网站的榜首一共有三个原因：第一，我们想尽一起办法，让我们的客人有推荐我们民宿的理由；第二，我们让客人知道，我们非常感激他们的到来；第三，我们请求我们的客人告诉他们的朋友关于我们民宿的信息，并请他们在他们喜欢的网站上发表关于我们民宿的评论。"

罗伯特的头脑开始高速运转，思考如何运用这三条简单的原则来开发汉森保险代理公司的业务。

"好啦，好啦，"玛丽安笑着说，"你们业务上的事情已经谈了很多了。在明天返程之前，我们最后一次徒步旅行应该做点什么呢？"

热　情

周一早上，罗伯特几乎是跳着走进汉森保险代理公司的大门。一进门，他向梅打招呼："嘿！早上好！多么美好的一天啊，不是吗？"

还没有等梅回应，罗伯特就紧接着说："我和玛丽安在奥格斯堡度过了一段美妙的假期。我学到了很多新东西，这将会真正帮助我们公司。请通知每个人，我们两小时后在会议室开会。"

当公司的员工们到达会议室的时候，很显然，一些人仍然对可能失去工作感到紧张。罗伯特很快用微笑驱散了这些恐惧。

"早上好！我召开这次会议是为了讨论我上个周末看到的优秀商业实例。我相信，更好的经营方式对于我们提高客户忠诚度、让老客户给我们推荐新客户来说，都是至关重要的。"罗伯特开始说话了。

"哦，不，他又来了。"彼得·康斯坦扎小声嘀咕。公司里这个"负能量"传播者再次坐在新员工萨姆·黑尔斯旁边，抱怨说："为什么他总是认为他的许多个人经历与我们公司开展业务的方式有关系呢？"

萨姆并没有理睬彼得的耳语，罗伯特也是。相反，罗伯特详细解释了阿尔卑斯民宿出色的客户服务，以及它的在线客户评论是如何推动其业务开展的。

安德莉亚说："如果我们想要获得网上的评论，我们就需要专注于客户体验。许多客户对我们的评价主要来自我们给他们的感觉，而不是他们购买的保单。我们很幸运有梅在前台。无论是打电话来的，还是来办公室拜访的，她对每个客户都很热情。"

"但其他的人的服务就没有梅那样让人印象深刻，我也是一样的。当电话铃声响起，打断我的思绪，尤其是当我还没有喝咖啡的时候，我很难做到像梅一样让人感受到热情。"其他人笑着点点头。安德莉亚总结道："我敢打赌，我们每个人都能找到让客户有更好的体验的方法。就我个人而言，以后当我与客户、潜在客户打交道的时候，我会更集中注意力，让自己变得更加热情。"

罗伯特笑了。他很自豪地听到安德莉亚把她的想法说得深入人心。当其他员工开始提出改善服务的想法时，他也很激动。"正能量"是会传染的。

萨姆说："我们可以准备一些零食和饮料，提供给来办公室的客户。这会给人留下积极的第一印象，就像你在民宿办理入住时品尝的花果茶和苹果馅饼一样。"

就连一向不怎么爱说话的信息部门经理比尔·艾弗森也参与了这场头脑风暴，他说："我很赞同让客户写评论的想法。我一直很奇怪，我们公司只有屈指可数的几条评论，而那些比我们公司规模更小的保险代理公司也有几十条评论。要知道，我们公司成立的时间可比他们长多了。"

房间里几乎每个人都点了点头。比尔接着说："当客户给我们公司好评的时候，我们的业务人员和客户服务人员需要把这看作是一个在线审视自己服务的机会。"

"等一下，"彼得打断了比尔的话，他说，"我完全不同意比尔的话。如果我们开始强行要求客户做评论，我们就会显得逼人太甚了。"

"我很感激你所说的话，"比尔解释说，"我们绝对不想

给任何人施加压力。但是，如果我们善待我们的客户，让他们知道我们对每一笔业务有多么感激，那么之后，请他们给我们写评论就是自然而然的事情了。毕竟，这让我们的客户有机会帮助他们的朋友，因为他们知道我们将会善待他们的朋友。"

罗伯特感谢了在场的每一个提出好主意的人，并宣布会议结束。这样他就可以回到他的办公室，在与阿尔伯特见面前有半小时的空闲。"旧"罗伯特利用这段时间阅读电子邮件和上网，但"新"罗伯特却利用这段时间做一些其他事情。

罗伯特最近读了一些介绍冥想好处的书。现在，罗伯特舒舒服服地坐在办公室角落里的一个皮革躺椅上。他在手机上设置了闹钟，然后靠在椅背上，闭上眼睛，开始深呼吸。他把自己的思想集中在生活中一切顺利的事情上，并想象着未来会有什么改善。他在脑海中描绘了一派公司蒸蒸日上的景象，这都要归功于老客户们的忠诚和把他的公司推荐给新客户。当他的思想开始走神时，他就把思想集中在许多使他感激的事情上。

十分钟后，闹钟响了起来。罗伯特感到精力充沛，准备把他和他的团队讨论的许多新想法付诸行动。

交　际

"来和我们一起聊聊吧。"当罗伯特走出电梯,来到位于第 50 层的阿尔伯特的办公室的时候,阿尔伯特向他招手。

阿尔伯特和一个高个子陌生人坐在阿尔伯特办公室中间的黑色皮沙发上。"罗伯特,这是我的老朋友查尔斯·康尼利。"阿尔伯特说,"他拥有 CHG 商业地产。他同时也是商会的董事会主席。"

查尔斯看着罗伯特的眼睛,紧紧地握着他的手,说:"很高兴见到你。当阿尔伯特告诉我,要和你见面的时候,我在商会的数据库中查找了你的资料。我发现你的公司曾经是商会 25 年的老会员。不过,我很好奇,为什么你在 5 年前放弃你的会员资格?"

罗伯特解释说,当经济衰退时,他被迫削减开支。他补充说:"我感谢商会为小公司做的游说工作。但因为我没有看到任何加入商会的好处，所以我就没有续签会员资格。"

阿尔伯特以他自己的经历反驳罗伯特，说："我和其他人一样理解投资回报率的必要性。这就是我的公司近50年来一直是商会会员的原因。商会提供了很多绝佳的机会来建立人际关系，为我的公司带来了一些我们最好的客户。"

查尔斯爽朗地笑着说："谢谢你热情洋溢的推荐，阿尔伯特。你永远是我们商会最有说服力的宣讲者之一。"

他把注意力转回到罗伯特身上，向罗伯特解释说："我完全理解你的担忧。事实上，10年前，当我觉得会员资格对我的生意没有太大帮助时，我自己也差点就退出商会了。"

"那么，你为什么没有退出呢？"罗伯特问。

"一位同样属于商会的朋友指出了一些真正改变我想法的事情。他提醒我，除了偶尔参加几次商会的联谊会以外，我对商会的参与度并不高。他还说，当我参加活动的时候，我通常都只是和我已经认识的人待在一起。"

查尔斯继续解释说，后来，在他朋友的鼓励下，他加入了几个委员会，自愿担任其中一个委员会的主席。他还要求自己在每一场联谊会上至少会结识三个新朋友。

"努力结识新朋友，逐步进入领导角色，这些都很重要。

随着商会成员对我的了解越来越多，他们开始找我帮忙，帮他们解决商业地产的需求。如果我在真正投身到商会前就离开了，我就会错过许多美好的友谊和商业机会。"

阿尔伯特瞥了一眼时钟，说："时间到了，先生们。联谊会30分钟前就开始了，我想在'鲨鱼们'吃掉自助餐厅里所有的'鱼虾'之前赶到那里。"罗伯特和查尔斯都被逗笑了。

他们乘电梯下到会议厅办公室所在的夹层。每个月一次的商会联谊会在这栋楼内的大堂中庭举行。当他们加入围着饮料和餐盘的人群中来回走动的时候，罗伯特深深地吸了一口气。人际交往总是让他觉得不舒服。

阿尔伯特瞥了罗伯特一眼，注意到他的紧张，安慰他说："跟我来，我们会玩得很开心的！"

有人在房间的另一头向阿尔伯特挥手。阿尔伯特对罗伯特说："跟我来吧，我要把你介绍给我的按揭经纪人，麦克。"

阿尔伯特大步穿过房间，罗伯特紧随其后。阿尔伯特打招呼说："嘿，麦克！你家人都挺好的吧？吉尔刚刚入学上一年级，适应吗？"

麦克回答说："我家里人都挺好的，谢谢你的关心。吉尔很喜欢上学。顺便说一句，你的记忆力好得让我吃惊。"

阿尔伯特笑着说："谢谢你的夸奖。说到记忆，在我忘记之前，让我把你介绍给罗伯特·汉森。你可能知道罗伯特的公司。它是我们当地历史最悠久的家族企业之一。罗伯特的曾祖父在93年前就创办了汉森保险代理公司。许多年以来，罗伯特一直为和你公司差不多规模的公司提供了很多很好的保险建议，帮他们省了不少钱。"

麦克告诉罗伯特说："像阿尔伯特这样精明的商人都对你赞赏有加，说明你的业务能力很强。我想我们应该尽快约个时间见面，这样我就能知道你是怎么工作的了。我一直在寻找好的保险代理人，我的许多客户都有保险需求。"

阿尔伯特继续带着罗伯特在房间里转来转去，热情地把他介绍给大家。罗伯特注意到，阿尔伯特和别人在开始谈话时，都会先聊聊一些私人的问题或者意见，然后才会提到关于业务上的事情。他很欣赏阿尔伯特在记忆人名和建立融洽关系方面游刃有余的能力。

在自助餐厅排队的时候，罗伯特问阿尔伯特："你是怎么记住这么多名字和细节的？我认识的其他人都不能像你这样有超强的记忆力。"

"这件事情其实并不是很难。我运用了图像化的办法，将名字与实物、故事相关联。例如，我第一次见到麦克时，他给我讲了他女儿吉尔的精彩故事。虽然我不会因为创造力而获奖，但我把麦克的名字和麦克风联系在一起。我永远不会忘记麦克或吉尔的名字，因为我想象着麦克风和吉尔拿着水桶去山上打水。①"

想象着这个场景，罗伯特忍不住大笑了起来。阿尔伯特说："我知道这听起来很奇怪，但一旦你开始使用实物和故事联想产生的画面感来记住名字，你会惊讶地发现，这样记下来的名字印象会非常深刻。"

罗伯特答应以后要试一试这个方法。他在当天早些时候进行的冥想练习立即产生的积极效果提醒他，尝试新的做事方法是多么重要。

罗伯特说："非常感谢你在把我介绍给别人时说我的那些溢美之词。"

阿尔伯特向罗伯特保证，他说的每一句赞美罗伯特的话都是发自肺腑的。阿尔伯特说，当他把在介绍人们给别人认识的时候，他都尽可能地适度拔高。

---

① 译者注："杰克和吉尔拿着水桶去山上打水"来自一首英文儿歌。

罗伯特接着说："今晚我注意到了一些特别的事情，有些人会迅速地结束与一个人的谈话，然后去进行下一场谈话，好像他们想要尽可能多地与人见面。而你则是不慌不忙，似乎喜欢与人们进行长时间的谈话。"

阿尔伯特笑着回答："很多人认为人与人的交际是一种数字游戏。他们相信认识的人越多，他们离成功就会越近。事实上，正好相反，当人们关注他们的交际圈的大小而不是交际的质量时，他们往往会疏远其他人，因为他们会让别人觉得自己只是交际的目标。

"我的父亲总是告诉我，我们有两只耳朵和一张嘴，我们应该多听少说。通过提出好问题和认真倾听，我知道了很多东西。例如，我总是试图弄明白一个人想要实现什么目标。当我专注于帮助人们实现他们的目标时，肯定会有很多人想和我做生意，并会把他们的朋友推荐给我。"

阿尔伯特向房间的另一头瞥了一眼，似乎看到了一张熟悉的面孔。他对罗伯特说："好吧，我给你讲课的时间结束了。让我们到那边去，这样我可以把你介绍给安东尼·桑德森。他经营了一家帆船俱乐部。他不仅是一位好朋友，也是我认识的最会与人打交道的人之一。"

和阿尔伯特的所有朋友一样,安东尼也很想认识罗伯特。然而,他没有太多时间说话,因为他需要回家让女儿上床睡觉。在离开之前,他邀请罗伯特在第二天晚上去他的帆船俱乐部,参加每月一次的沙龙。罗伯特不知道那个沙龙是什么,但他的好奇心使他答应参加沙龙。

安东尼提醒他说:"至少要提前半小时到场,那可是一个很受欢迎的活动。"

聚 会

当罗伯特驱车驶入两层帆船俱乐部的停车场时,他注意到大约有50人正门口排队等着进去。他摇下车窗,问一个系着领结、面带露齿微笑的60多岁的优雅男士,他是不是来对了参加沙龙的地方。

那人高声说:"你当然找对了地方,你一定会好好享受一次盛大的聚会的!我一直参加沙龙的活动,在过去的五年里我只有一次没来。你先找个车位停车吧,过会儿车位就满了。待会儿我可以先给你介绍一下大概的情况。"

罗伯特把车停好后就和热情招呼他的保罗·西蒙斯聊了起来。过了半个小时,安东尼出现在人群面前。

安东尼站在正门前面的凳子上,用麦克风对着人们讲话:"大家晚上好!看到这么多老朋友和未来的朋友真是太好了!我想让大家都进俱乐部里面去,但是我不能违反消防规定，否则就会激怒消防队队长了。停车场对面的帐篷里会有一个大屏幕直播，帐篷里有很多食物和饮料。所以，如果我请你们去帐篷那边的话，请不要生气。"

安东尼打开门，人们耐心地向前移动。当罗伯特走到门口时，安东尼给了他一个拥抱，好像安东尼已经认识他一辈子了似的。然后，安东尼说："很高兴再次见到你！我很高兴你认识了保罗。他是个非常好的人，也是帆船俱乐部的第一批成员之一。我希望你能在演讲结束后留下来，这样我就可以把你介绍给更多的人。"

罗伯特跟着人群走进了一间用木板装饰的大厅，里面满是航海的小摆件、帆船的照片和油画。大厅里，一排排套着蓝色帆布座套的白色导演椅，整齐地排列好，面对着讲台和大屏幕。

"来坐这儿吧。"保罗拍了拍他旁边的椅子，罗伯特在他身旁坐了下来。

"罗伯特，这是布莱恩。"保罗向罗伯特介绍了一位坐在他另一边的 50 多岁头发花白的高大男士。保罗继续说："他加入俱乐部已经有 30 年了，差不多和我一样久。他是一个老练的水手。我告诉你，没有比布莱恩更好的船员了。"

这时，安东尼走上了讲台，他开始致辞："欢迎各位的光临！对于曾经来过沙龙的诸位，我很感谢你们的再次到来。对于第一次参加沙龙的新人，我很高兴认识你们。在过去的5年里，我们每年都要在俱乐部举办10次沙龙活动，就像今晚一样。我们一直邀请那些有值得分享的有趣想法的演讲者，以此让到场的所有人有学习的机会，并且期待可以激发有意义的对话。这样做，还可以在我们俱乐部的会员和他们的客户中间建立起一种社区意识。

"我很荣幸能够向大家介绍今晚的演讲者——芭芭拉·科顿。芭芭拉是可持续发展研究所的所长，她的机构是美国最大的环境教育非营利组织之一。按照我们沙龙的惯例，芭芭拉的演讲有45分钟的时间，然后是15分钟的问答环节。演讲结束后，我希望你们能和我们的俱乐部会员一起去停车场的帐篷里看望老朋友，结交新朋友，交流想法。"

芭芭拉发表了一场振奋人心的演讲，她以发人深省的例子说明了当今世界面临的环境问题，指出人们可以通过创新的方式共同努力，对环境施加积极影响。

罗伯特饶有兴致地听着，这样他就可以与玛丽安、安德莉亚分享他所听到的内容，因为她们都是积极的环保主义者。

他还想到了赞助沙龙所带来的商业利益,这些沙龙吸引了一些社区活动最重要的实施者和有影响力的人。显然,高出席率表明安东尼为他的帆船俱乐部成员提供了他们所珍视的东西——这使得他们有可能继续缴纳会费。与此同时,由于帆船比赛对所有人开放,社区里的人们对于安东尼的帆船俱乐部也有了更多的了解。

在热闹的问答环节结束后,人群聚集在帐篷下,准备在活动结束后举行一次聚会。到处都在进行热烈的交谈。罗伯特给自己、保罗和布莱恩买了啤酒。罗伯特与他们分享了他的妻子和女儿是如何不断提醒他对物品循环回收使用,而且演讲者已经提供了那么多令人信服的理由鼓励人们采用绿色低碳的生活方式。

后来,罗伯特看了看手表说:"先生们,很抱歉,因为我明天还有很多事情,所以我现在得回家了。我很高兴见到你们,我希望能在下次沙龙时再见到你们。在离开之前,我想感谢安东尼邀请我参加沙龙。你们知道他在哪里吗?"

布莱恩说:"等一下,我们还不知道你是做什么工作的呢。"

罗伯特解释说他有一个由他的曾祖父创立的保险代理公司。保罗对布莱恩说:"哈哈,没想到咱们这里还有比我岁数还大的公司呢！"

布莱恩笑了笑，转身对着罗伯特说："认识你的时机真合适，我的餐饮集团的保险费用猛涨。我想知道我们集团怎么样才能节省保险费用。下星期给我打个电话吧，我们可以约个时间谈谈。"说完，布莱恩把名片递给罗伯特。

这是罗伯特在那个月找到的最好的商业线索之一。阿尔伯特关于人际关系的智慧确实是正确的。成功来自对他人的真正兴趣，而不是把每一次谈话变成商业机会。

领　英

罗伯特第二天一大早就到了办公室。他喜欢成为第一个到办公室的人：这让他有时间不受打扰地计划一整天的工作安排；这也让他能够优先考虑许多在他脑子里出现的新想法。

"嘿，爸爸，早上好！"安德莉亚把头探进罗伯特的办公室，和罗伯特打招呼，"你今天早上为什么不带我一起来办公室呢？"

罗伯特惊讶地抬起头，因为安德莉亚通常是最晚到办公室的人之一。他抱歉地说："对不起，亲爱的，我还以为你会晚些来。"

安德莉亚回答："我想早点开始我的网络社交工作。你知道，早上没有干扰的时候工作效率很高。"

罗伯特笑了，他想：安德莉亚和他在很多方面都很像。不过，有一个很大的区别：安德莉亚和其他年轻员工把工作时间花在社交媒体上以建立联系——他们得到了积极的结果。

想到这里,罗伯特对安德莉亚说:"我真的不太了解社交网络的各种事情。你得找个时间好好跟我说说。"

"现在怎么样?我们有时间。"说着,安德莉亚把一把椅子拉到罗伯特的旁边。

"哦,当然可以了。"罗伯特说。他认为,网络社交可能是发展业务的一种很好的方式——即使他并没有完全理解网络社交到底是什么。他已经决定要尝试新事物,而现在正是尝试网络社交的好时机。

安德莉亚建议他学习一下如何在领英(LinkedIn)上做更多的事情。罗伯特用两根手指慢慢地在领英网站上输入他的用户名和密码。

"爸爸,为什么你在领英上只有 97 个好友?"安德莉亚看着电脑屏幕问道,"你是我所知道的人脉最广的人了。"

罗伯特承认,他很少使用领英,因为他并不真正理解它。他告诉安德莉亚,他有时会接受别人的加好友的请求,但他从未主动添加好友。

当领英上弹出一个对话框推荐了 47 人可以加好友的时

候,罗伯特高兴起来。"嘿,瞧!我可以邀请这些人添加我为好友,只需点一下就行了。这技术真是方便啊!"

安德莉亚连忙提醒他说:"别上当,爸爸。如果你点那个按钮,所有这些人都会收到你的一封普通的电子邮件,邀请他们成为你的领英好友。"

罗伯特当然不想那样做,他说:"我非常不喜欢那些千篇一律的加好友申请。它们就像我收到的抬头是'亲爱的客户'那样的垃圾邮件。"

安德莉亚表示完全同意,说:"没错。无论你是在现实生活中还是在网上,你都必须保持自己的个性。当你发送申请加好友或者通过别人的加好友申请时,你应该像给一个朋友写信那样。"

考虑到这一点,罗伯特找到了安东尼·桑德森的领英个人资料,并向他发送了加好友的申请:

我昨天在你的帆船俱乐部玩得很开心。你们的成功激励我在未来的一年里在我的公司举办一系列类似的活动。如果能请到你作为我们的第一位演讲者,我将感到万分荣幸。我很快就会联系你,商量活动的安排。与此同时,如果能在领英上保持联系就太好了。

安德莉亚读了罗伯特的加好友申请,高兴地说:"这就是我要说的!当你在领英上发送这样的信息时,你是在为建立一种线上和线下的都牢固的友谊打下基础。"

安德莉亚让罗伯特想想那些他欣赏的商务人士,以及是否有人让他觉得与众不同。罗伯特记得当天早上开车经过他所在的街区时,看到一个"待售"的标志,上面写着房地产经纪人是凯特·查尔斯。最近的这段时间,他在附近看到的"待售"的房地产标志中,有一半都写着凯特的联系方式。考虑到凯特的专业知识、热情友善和商业头脑,罗伯特觉得这也没什么奇怪的。

罗伯特问安德莉亚:"凯特·查尔斯怎么样?"

"非常好!"安德莉亚建议罗伯特将凯特的名字输入领英搜索框,看看她是否是他的好友之一。令罗伯特吃惊的是,他已经和凯特是好友了。显然,这证明了凯特在网络社交上的能力,因为他现在所有的好友都是先申请加他的。

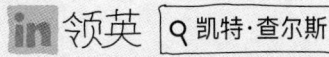

安德莉亚说:"既然你和凯特是好友关系,你可以为她写一封网上的推荐信。推荐信需要只有几句话或一小段内容,最重要的是这些是你发自内心的话,而且有具体事例。根据你和她打交道的经历,集中写让你觉得凯特是一个出色的房地产经纪人的几件事情就行了。"

关于凯特,罗伯特有很多可以写的积极的事情。所以,在整理了思路之后,罗伯特写下了这个推荐:

在我认识凯特的 15 年里,她的专业精神和人际交往能力给我留下了深刻的印象。几年前,我把她推荐给了我的母亲,她在面试了 5 位房地产经纪人之后选择让凯特卖她的房子。这是一个明智的决定。凯特建议做些小的改进,比如粉刷厨房和更新主浴室。我们采纳了她的全部建议,在不到一周的时间里,我母亲的房子就以远高于我们预期售价的价格卖出去了。如果我打算买房的话,我会选择凯特作为我的房地产经纪人,我非常有信心推荐她。

安德莉亚看了一下以后,夸奖说:"你写得很好,现在就点'发送'。看到了吧?这个真的很容易。"

罗伯特松了一口气,领英没有他想的那么复杂。安德莉亚解释说,她每周只安排 30 分钟在领英上工作,从申请加好友到通过别人加好友的申请还有写推荐信,再就是在她的社交网络中寻找她可以联系的人。这样看起来也很容易管理。

就在这时,罗伯特的手机响了。来电显示上出现了"凯特·查尔斯"的名字。

凯特的声音里传递着笑意,说:"罗伯特,你好吗?你在领英上的推荐信帮我开启美好的新一天。非常感谢。"

她解释说,罗伯特的推荐信特别有意义,因为她并没有让他写这封推荐信——事实上,这只是她收到的第二份未经请求的领英推荐信。

凯特说:"我很愿意下个星期和你约个时间一起吃午饭。当然,我请客!"

变革

虽然罗伯特认识阿尔伯特才只有六个月的时间，但是罗伯特已经感觉到之前笼罩在他头上的那片巨大的乌云已经消散了。汉森保险代理公司业绩的报表给出了明确的指标，说明为什么罗伯特感觉好多了。与上一年的同期相比，当期的保单续费率提高了15%，新保单的数量也有同样幅度的增长。现有客户推荐获得的潜在客户数量也有超过三分之一的增长。而且，过去的四个月里，他不再需要用信用卡预付现金来支付工资了。他也不再因为担心无法支付员工工资和偿还按揭贷款而彻夜难眠了。

罗伯特确信，他对建立商业关系新方法的开放态度激励他的员工也这么做。然而，有一些人仍在苦苦挣扎。例如，他公司里任职时间最长的保险经纪人之一——彼得·康斯坦扎，他的保单续签率和老客户推荐新客户的数量持续下降。

这与他近 5 年来业绩下降趋势相符，彼得的表现低于公司里的保险经纪人的平均水平。

罗伯特尽量避免与彼得直接冲突，因为他希望同事们重新焕发的工作活力能激励彼得采取更好的工作方法。然而，随着时间的流逝，彼得的业绩没有任何改善，罗伯特知道自己必须做些什么。他给彼得发消息：请尽快到我办公室来。我想和你谈谈。

彼得手机的消息提示声打断了彼得和萨姆的谈话。彼得笑着说："可能是我妻子告诉我在回家的路上应该买些什么。"但当他看了一眼手机，读了罗伯特的消息之后，他感到自己的心跳加速了。他对萨姆说："我得走了。"

在去罗伯特办公室的路上，彼得回想起他如何失去了作为一名保险代理人的热情。23 年前，当他刚开始在这家公司工作的时候，他很喜欢建立客户资料手册的工作，他甚至期待着早点来上班，以便开始打陌生客户的电话推销保险。但是，随着客户数量的不断下滑，现在寻找新客户、建立业务联系的种种琐事让他感到筋疲力尽。

"请坐，彼得。"罗伯特指着客人椅，示意彼得坐下，继续说，"我正在检查我们的季度业绩数据，我注意到一些好消息和坏消息。好消息是，我们公司完成了多年来最好的季度业绩；坏消息是，你的业绩仍然很糟糕。我想知道，你是怎么了？"

罗伯特之前估计彼得会为自己糟糕的业绩找各种理由。没想到，彼得叹了口气，说："老实说，我觉得自己的心态已经不再适合这份工作了。你鼓励我们与老客户建立联系并开发新客户，但我已经根本没有这样的工作热情了。"

听到彼得这么说，罗伯特有些疑惑地问："那你为什么还要继续做你不喜欢的工作呢？"

彼得无奈地回答说："我在等着退休！我要在八年之后才能获得社会保障资格。在我辞职之前，我需要完成我的401（K）计划[①]的缴费。"

罗伯特思索了一下，说："八年的时间做一份你不喜欢的工作，实在是太长了。如果你可以做点其他的事情，而不是在这里工作，你会做什么？"

彼得毫不犹豫地说："嗯，现在我的孩子们都上大学了，我意识到我有多怀念和年轻人在一起的时光。如果收入还可

[①] 401（K）计划是美国一种特殊的退休储蓄计划，因为可以享受税收优惠而深受欢迎。401（K）计划的名称取自美国1978年《国内税收法》中的（section 401K）条款。译者注。

以的话,我想我会去当初中或高中老师。"

罗伯特认真考虑了一下,说:"这个想法挺好的,那你为什么不去试试呢?我们这里的学校一定会需要靠谱的教师。如果我们制订一项计划,在几年之内你可以在这边做兼职,同时慢慢把你手头上的客户交接给同事,你觉得怎么样?这样,你就有时间去上学,拿到你的教师资格证书,同时还能有一份收入。"

彼得大吃一惊,他不明白为什么罗伯特不直接解雇他。然后,他也这么问了。

罗伯特回答说:"这些年来,你为我们公司的发展做出了很大的贡献,我对此非常感激。对我来说,帮助你追寻自己的激情是正确的事情。"

彼得仍然不能完全相信他所听到的话。在离开罗伯特的办公室之前,他对罗伯特说了很多感激的话。

那天下午晚些时候,罗伯特打电话给安德莉亚,说:"我们差不多该出发,要准时到养老院和你奶奶、你妈妈共进晚餐。五分钟后,我们在电梯间见。"

在电梯里,安德莉亚说:"今天大家都在议论你和彼得的谈话。你们俩说话后,他面带微笑地在办公室里走来走去,宣布他要去学习，拿到教师资格证书。我从未见过他这么高兴过。你鼓励他做这个职业转变真是太好了。但是，我真的有点惊讶。"

罗伯特说："帮助彼得去做他喜欢的事情是正确的。他是我们公司的老员工，所以我们应该支持他去做他自己真正喜欢的事情。这对我们公司也是有好处的：彼得的老客户们不会觉得他们没有人管了，因为彼得会帮助他们与新的业务负责人打交道。

"为了发展我们的事业，我们不能只做我们一直在做的事情。每个人都需要有创造力，并愿意和人打交道，建立良好的关系来促进我们公司的成长。鼓励彼得去追求当老师的梦想对他和我们公司都意义重大。"

婚 礼

自从希尔黑文养老院聘请了一位高水平的法国菜厨师之后，汉森一家就一直期待着每月一次的家庭聚餐，因为那位厨师制作的菜肴可以和城里最好的餐馆里的任何菜式媲美。

玛丽安已经在他们家门前的台阶上等着了。"你们猜怎么着？"她略带神秘地说，"今天下午我和琼聊天了。很显然，今晚她有一些重要的消息要和我们分享。"

罗伯特大声问是不是有什么问题。玛丽安激动地说："我觉得，你妈已经兴奋得有些晕头转向了！"

安德莉亚咯咯地笑着说："我听到婚礼的钟声了。"

在希尔黑文养老院，阿尔伯特与他们同时到达，罗伯特把车紧挨着阿尔伯特的车停好。汉森一家与阿尔伯特一起走到大厅。

大厅用红白相间的彩带装饰着。大约有200名养老院的住户和他们的客人都围坐在摆放着精美瓷盘和银餐具的八人圆桌旁,每桌上都放着一束漂亮的红玫瑰。

希尔黑文养老院的执行董事雪莉·约翰逊走上讲台致辞,欢迎养老院住户和客人。当所有人都坐好后,房间的扩音器开始播放《婚礼进行曲》,台下非常安静。弗雷德首先走进餐厅,琼推着刚刚擦亮的轮椅。弗雷德穿着黑色燕尾服,看上去风度翩翩。琼穿着一件飘逸的紫色长裙,头上插着紫色和白色的花。全场爆发出热烈的掌声。当弗雷德和琼走向大厅的前面时,他们俩一路都笑得合不拢嘴。

一位希尔黑文养老院的员工为弗雷德举着麦克风。弗雷德高兴地说:"在场的各位,今天我可以确认自己是世界上最幸运的人。我决定在我100岁生日那天晚上向琼求婚。但是,直到上周我才鼓起勇气去做这件事件。你们能相信吗?她答应了。"

琼笑着拿起了麦克风,说:"哦,弗雷德!如果几年前有人告诉我,我会再婚,我是无论如何不会相信的。不过,当然,那是因为我那会儿还不认识你。实话实说,当你向我求婚的时候,我没有片刻的犹豫。"

弗雷德回应道:"是啊,谢天谢地,你知道,我已经不年轻了,不能再多等了。"

在观众高声欢呼之后,琼告诉大家,她和弗雷德决定不浪费任何时间,并在几天前在市政厅秘密办理了结婚手续。

她总结道:"今晚的活动就是我和弗雷德与家人和朋友们一起庆祝我们结婚。"

汉森一家和阿尔伯特从桌子前站起来,走上前去拥抱新郎和新娘。阿尔伯特举起他的香槟酒杯,为美丽动人的新娘和衣冠楚楚的新郎致祝酒词,愿他们幸福美满地生活在一起。他转向罗伯特、玛丽安和安德莉亚,继续说道:"我为我们现在通过这样一种美妙的方式结合在一起形成的大家庭而感到无比激动。"

工作人员在大厅中来回穿梭,给宾客们倒香槟、端上切好的结婚蛋糕时,罗伯特走到弗雷德身边,跪在他的轮椅旁,说:"先生,我只是想告诉你,我是多么感激你带给我妈妈的巨大快乐。"

弗雷德高兴地回答说:"在我生命的这个阶段,你妈妈给我的幸福比我想象中的还要多。还有,看在老天爷的分上,请别再叫我先生了。既然我们是一家人了,以后就叫我弗雷德吧!"

"好的，弗雷德，"罗伯特说，"我怎样才能帮助你和妈妈开始你们的新生活呢？"

"嗯，如果你能在明天早上过来帮忙把我的东西搬进她的公寓，那就太好了，"弗雷德回答，"现在我们正式结婚了，我也该正式搬过去和她一起住了。"

罗伯特笑着说："我非常乐意效劳，先生。哎呀！我是说弗雷德。"

传　承

第二天早上,罗伯特一大早就小心翼翼地起床,没有吵醒玛丽安。他蹑手蹑脚地走下楼,来到厨房,把水果、绿色蔬菜、椰奶和冰放进搅拌机,制作绿色奶昔。

喝完作为早餐的绿色奶昔后,罗伯特驱车前往希尔黑文养老院,清晨的路上空无一人。他想趁着他岳父的朋友们都还在睡觉的时候,和弗雷德单独聊聊。

罗伯特轻轻地敲了敲弗雷德住的那间公寓的门。弗雷德热情地说:"请进。"他坐在轮椅上,靠着一张小餐桌,喝着一杯奶昔。这杯奶昔不仅与罗伯特制作的奶昔分量差不多,而且都带有明亮的绿色。

罗伯特咧嘴一笑,说:"英雄所见略同,我早餐也吃了一样的美食。"

弗雷德回应说:"我敢打赌,这一定和阿尔伯特有关。

我总是告诉他，食用水果和蔬菜的自然饮食保持活力的唯一方法。当然，多多锻炼也必不可少。说到这里，我们可以开始了吗？"

在弗雷德的注视下，罗伯特开始小心翼翼地收拾这位百岁老人的在厨房旁边的小办公室里的各种物品。小办公室里有一个老式的翻盖写字台。墙上挂着发黄的文凭和弗雷德的老照片，其中包括弗雷德在第二次世界大战中穿着军装的照片。

其中一面墙的中央是一张镶着金边的照片，照片上是一位衣冠楚楚、留着八字胡的绅士。罗伯特看了又看，然后走上前去仔细观察那张照片。

弗雷德微笑着说："我就猜到你会认出你的曾祖父本杰明·汉森。他是一个很了不起的人。"

罗伯特吃惊地说："我能认出他，因为我小时候，家里的餐厅挂着一张同样的照片。我希望我可以多知道些他的事情。他在我三四岁的时候就去世了，我所知道的关于他的一切都是我父母告诉我的。你跟他很熟吗？"

"是的，我和他很熟。第二次世界大战结束后，我退伍进入了一家大型的经纪公司工作。我拨打的第一个陌生电话就是打给汉森保险代理公司的。我曾三次试着去拜访本杰明·汉森，但他的秘书不让我进他的办公室。她可是严守职责啊。"弗雷德对着回忆笑了起来，继续说，"在我的第四次拜访的时候，你的曾祖父从他的办公室窗户看到了我，向我招手，让我进入他的办公室，这让他的秘书大吃一惊。"

弗雷德解释说，本杰明·汉森是那时本地最受尊敬的商业领袖之一，弗雷德很高兴能见到他。在第一次见面的时候，弗雷德不想浪费机会，他开始了一场精心排练过的推销活动。

老汉森礼貌地听着，等了大约 20 秒钟，直到弗雷德停下来喘口气。老汉森打断了弗雷德的话，说："年轻人，等一下。我知道了你家人的情况，我知道了你从法国回来。我们有足够的时间谈生意，但现在我想听听你在欧洲的参加第二次世界大战的事情。"

回想起那一天，弗雷德微笑着说："我和他谈论我的军旅生涯谈了一个小时，他和我分享了他在第一次世界大战期间参军的故事。那是一段友谊和业务合作的开始，一直持续到他去世为止。在将近 25 年的时间里，他在业务的各个方面指导着我。"

罗伯特不知道该说什么。他隐隐约约地记得听过有关本杰明·汉森商业头脑的故事，但他从未听过任何细节。他问弗雷德："他给你留下最深的印象是什么？"

弗雷德想了想，回答道："嗯，他天生擅长销售。他告诉我，建立联系是销售的关键。在这 25 年里，他向我介绍了许多杰出的生意人，他们也都是很会与人打交道、建立联系的人。没有他的指导和我从他朋友们那里学到的东西，我的公司永远不会有今天的成就。

"还有一件事你应该知道：如果他能看到你在他所创立的机构中所做的一切，他会非常自豪。"

罗伯特有些困惑，问："你的意思是？"

弗雷德继续说："我知道，在过去的一年里，阿尔伯特一直在指导你，并把你介绍给我们都钦佩的商人。通过把你和伟大的关系建立者联系在一起，阿尔伯特帮助我做出了我对你伟大的曾祖父的承诺。我向他保证，我会把我从他的指导中学到的东西不断传递下去。"

罗伯特小心地从墙上取出他的曾祖父的照片，仔细地把它包起来，放进一个盒子里。他陷入了沉思，没有听到阿尔伯特进来。当他醒过神来，转身发现阿尔伯特就站在他身边。

阿尔伯特说："看起来，你感悟良多啊！"

罗伯特说:"嗯,确实是的。你父亲刚刚跟我说了我曾祖父的事情。"

阿尔伯特回应说:"他真的太伟大了。如果没有他的指导,我们公司就不可能像现在这样在商业上取得巨大的成功。"

罗伯特问阿尔伯特:"你们为什么不早点来教我这些东西呢?我本可以在好多年前就用他的智慧发展业务了。"

阿尔伯特回答说:"你问得很好,如果弗雷德和我之前知道你的公司业绩不好,我们肯定会早点分享你伟大的曾祖父教给我们的一切。但是,我们之前认为你的公司经营得很好。我们确实应该早些和你联系的。"

罗伯特想了想,说:"这不是你们的问题,我很多年前就应该意识到,我需要帮助来改变我的公司的经营颓势——但我太骄傲了,没有主动寻求帮助。"

一直在旁边听着的弗雷德递给罗伯特一把旧铜钥匙,说:"罗伯特,把这个拿去吧。在那个写字台的抽屉里,你会发现我从你那伟大的曾祖父那里学到的最有价值的东西。那些内容是我在将近70年前写下来的,时至今日,它们还是和当时一样重要。我生命中最大的乐趣之一就是与需要的人分享这些原则。

"有些看过的人告诉我，这些原则过于简单了。他们错误地认为复杂的商业战略和精准的运营策略是商业成功的必要条件。但我一次又一次地看到，你曾祖父简单的智慧是所有成功的人都需要的。"

阿尔伯特看着弗雷德，说："你说得太对了！"然后，他转向罗伯特，继续说："现在，该学的内容你已经都学得很好了，我们当你导师的日子即将结束了，我们希望你曾祖父的智慧能够持久地传承下去。"

罗伯特兴奋地打开抽屉，拿出一张已经泛黄变脆的纸，上面是弗雷德用优雅的草书写下来原则清单。罗伯特很快地读了一遍，他清楚地知道他应该做什么了。

庆　典

罗伯特和玛丽安站在他们最喜欢的意大利餐厅门外,欢迎员工们参加汉森保险代理公司10多年来第一个在办公室以外的地方举行的圣诞派对。随着汉森保险代理公司的近期的发展和多年来首次出现的光明前景,他们觉得是时候好好庆祝一下了。

阿尔伯特的车在餐厅门口停了下来,琼和弗雷德也跟着一起来了。当阿尔伯特帮助弗雷德走出汽车坐上轮椅时,琼先走过来与罗伯特、玛丽安聊了起来。

罗伯特打招呼说:"我亲爱的新婚夫妇最近过得怎么样?"琼笑着分别给儿子和儿媳妇一个大大的拥抱,然后他们一起把弗雷德的轮椅推进了餐馆。

罗伯特带领他的家人坐在大厅前面的一张圆桌旁。参加圣诞派对的人们包括汉森保险代理公司的员工和他们的家人们,还有汉森保险代理公司的客户们。在过去的一年里,阿尔伯特给罗伯特介绍了许多人,他们的想法也给汉森保险代理公司带来了新的生机。

罗伯特站在讲台上开始致辞:"我和我的全家都很高兴各位莅临晚宴。我们今天一起庆祝汉森保险代理公司全体员工的辛勤工作和无限创意。在过去的一年里,汉森保险代理公司取得了近10年来最好的业绩。

"我要特别感谢弗雷德和他的儿子阿尔伯特,他们用他们的言行教会我如何建立一个成功的企业。同时,我也很感激阿尔伯特给我介绍了许多人,他们教会了我如何建立牢固的联系,从而获得忠实的客户并向我推荐新的客户。"

安德莉亚站在旁边,把麦克风递给弗雷德,他清了清嗓子,开始说话:

"当我在一年前认识罗伯特时,我想起了自己在70多年前刚刚开始职业生涯时所面临的困境。幸运的是,我的第一个陌生销售电话打给了汉森保险代理公司的创始人,同时也是罗伯特的曾祖父本杰明·汉森。他非常关照我,教我如何与他人建立朋友的关系和业务的联系,这是我取得成功的基础。阿尔伯特和我很高兴能够把本杰明·汉森教给我们的东西分享给罗伯特。罗伯特把他从你们所有人那里学到的知识和你们如何成功地经商的经验成功地运用在他的事业上,这非常了不起!"

大厅里响起热烈的掌声。

罗伯特说:"谢谢你,弗雷德!没有你和阿尔伯特告诉我的智慧,那就绝对不会有我们今晚在这里的庆祝活动了。"

他环视了一下房间,继续说:"我希望大家能度过一个愉快的晚上!在你们离开之前,我想邀请大家来看看弗雷德根据他从汉森保险代理公司创始人那里学到的东西在70年前制订的原则。我想请求大家一起致力于分享这些可以帮助别人的智慧。你们这样做,就是尊重我的导师——弗雷德和阿尔伯特,还有汉森保险代理公司创始人——本杰明·汉森。现在,我就不再啰唆了,请大家尽情庆祝吧!"

弗雷德和阿尔伯特喜笑颜开,他们知道本杰明·汉森的智慧会继续传承下去。

原　则

第二天，安德莉亚把她那幅镶着金框的、从她的曾祖父智慧总结而来的原则挂在了她自己办公室小隔间的墙上。这时，前台的梅打电话过来，和安德莉亚约好了9点见面的莎莉·埃尔金斯已到来赴约。

安德莉亚对着电话说："谢谢，梅。请带她进来吧。"

莎莉是一位年轻的房地产经纪人，几周前她在一个商会的联谊会上和安德莉亚见过面。当她们聊天的时候，安德莉亚感觉到莎莉心事重重，就邀请莎莉到她的办公室来，看看她如能帮助莎莉做点什么。

见到莎莉后，安德莉亚热情地跟她打招呼，建议她们到大厅的咖啡吧去坐会儿，聊聊天。

萨莉回应说："听起来是个好主意，我肯定可以靠再喝一杯咖啡来提神。当去年我开了自己的房地产经纪公司时，我以为一切都会很顺利，但现在我发现，事情不是我想的那么简单。"

安德莉亚说："我知道那种感觉。不久前，我们这家公司的每个人士气都很低落，看不到公司的发展前景。然后，神奇的事情开始发生了！"

安德莉亚指着桌子后面墙上的文字说："这都是因为这些想法。"

莎莉好奇地走上前去，仔细看了看。

每次接触都能建立商业合作关系的七项原则

一、保持身体和心理健康,创造积极的能量,充满热情,吸引别人。

二、寻找那些让你接触到新思维方式的人。

三、问问你认识的人,你能为他们做些什么。

四、为别人服务而不考虑自己将如何获益。

五、以超出人们的期望值为目标来工作。

六、让人们知道他们是如何帮助你取得成功的。

七、心存感激。

致　谢

如果没有我认识的伟大的关系建立者以及从他们的那里学到的真知灼见，就不会有这本书的出版。这些伟大的关系建立者包括：东尼·桑德伯格、迈克·费思、保罗·维特凯、诺亚·奥肯·贝格、吉姆·佩鲁卡、鲍勃·霍恩、史蒂夫·斯托格纳、莎莉·斯托姆、鲍勃·坎特、鲍勃·罗森、杰夫·卡彭、若昂·莫拉、安德烈·莫拉、马克·赫德林、乔丹·阿德勒、科迪·贝特曼、凯莉·鲍尔森-吉尔、克里斯蒂·戈弗森、迈克·桑多瓦尔、阿古斯丁·恩里克斯、斯科特·伯恩斯、戴夫·迪翁和塞思·温斯坦。

我很幸运有一些老朋友，他们总是与我分享他们的智慧，鼓励我追逐自己的梦想。马蒂·达菲、韦德·弗里曼、内森·布莱恩、佩雷·普拉特、埃里克·罗斯伯格、亚历克斯·戈罗迪舍尔和马克·恩加尔，一想到你们的名字，我就会微笑。

艾利森·克拉克、比尔·康纳利、贾森·雅诺夫和卡西·阿米利亚斯，你们的建议和忠告已对这本书的出版和我演讲生涯的塑造起到了也许甚至超过你们想象的积极作用。

我很感激我的朋友和才华横溢的作家理查德·芬顿和安德莉亚·华尔兹给我的建议，你们帮我将书中的人物描写得栩栩如生。你们激励我冲向更高远的目标，挖掘更深层的思想。

克莉丝蒂·海因、迪克·马古利斯和拉尼洛·卡博，感谢你们独具匠心的编辑和设计。你们出色的工作水平在本书中展现得淋漓尽致。

妈妈、爸爸、玛莎、杰夫、克里斯、雷纳特，还有根瑟，你们的爱和支持让我变得更好。

最后，我已经无法用言语表达我是多么幸运能够有这么好的妻子和女儿。爱伦，你的慧眼、爱和鼓励促使我完成了这本书。安雅，你是一个天生的关系建立者，我很感谢你在你真的非常想要我和你一起玩的时候允许我写作。我爱你们两个胜过太阳、月亮和星辰，我永远都爱你们。

帕特里克·加尔文

图书在版编目（CIP）数据

联系：建立商业合作关系的七项原则 /（美）帕特里克·加尔文著；许小兵译 . — 北京：北京时代华文书局，2020.7

书名原文：The Connector's Way: A Story About Building Business One Relationship at a Time

ISBN 978-7-5699-3730-5

Ⅰ. ①联… Ⅱ. ①帕… ②许… Ⅲ. ①企业管理—供销管理 Ⅳ. ① F274

中国版本图书馆 CIP 数据核字 (2020) 第 090163 号

THE CONNECTOR'S WAY:A Story About Building Business One Relationship at a Time
Copyright © 2016 Patrick Galvin
All rights reserved Chinese (in simplified character only) translation copyright © 2020 by Beijing Times-Chinese Publishing House Co., Ltd.
Chinese(in simplified character only) translation rights by special arrangement with The Galvanizing Group in conjunction with their duly appointed agent 2 Seas Literary Agency and co-agent CA-LINK International LLC.

北京市版权局著作权合同登记号 字：01-2018-5393

联系：建立商业合作关系的七项原则
Lianxi Jianli Shangye Hezuo Guanxi de Qi Xiang Yuanze

著　　者	[美] 帕特里克·加尔文
译　　者	许小兵
出版人	陈 涛
策划编辑	周 磊
责任编辑	周 磊
责任校对	周连杰
装帧设计	程 慧　迟 稳
内文插图	程 慧
责任印制	訾 敬

出版发行 | 北京时代华文书局 http://www.bjsdsj.com.cn
　　　　　北京市东城区安定门外大街 136 号皇城国际大厦 A 座 8 楼
　　　　　邮编：100011　电话：010 - 64267955　64267677

印　　刷 | 三河市兴博印务有限公司　0316-5166530
　　　　　（如发现印装质量问题，请与印刷厂联系调换）

开　　本	880mm×1230mm　1/32	印　张	5	字　数	83 千字
版　　次	2020 年 10 月第 1 版	印　次	2020 年 10 月第 1 次印刷		
书　　号	ISBN 978-7-5699-3730-5				
定　　价	42.00 元				

版权所有，侵权必究